Homenagem

"Se Mercedes o tivesse abraçado, você jamais esqueceria. Ela tinha o talento de abraçar as pessoas como ninguém mais no mundo; a sensação era sempre a de ter sido abraçado pela própria Mãe Natureza. Ela abraçou a todos nós com sua voz, com essa inigualável voz de bel canto que sempre foi uma expressão pura de sua alma. Nunca houve nada de artificial nessa mulher maravilhosa, essa mulher corajosa, esse ícone de destemida resistência à ditadura militar. Para mim, ela irradiava o que de mais importante há em um grande ser humano: a bondade."
— Konstantin Wecker, cantor e poeta, Alemanha

www.wecker.de

Endossos

"Nesta obra, você encontrará uma nova e tocante perspectiva sobre a nossa amada Mercedes. É uma homenagem sincera e afetuosa que honra a vida da minha mãe. Obrigado, Anette, por todo o seu esforço, em nome da Fundação Mercedes Sosa."

— Fabián Matus, filho de Mercedes Sosa e presidente da Fundação Mercedes Sosa até o seu falecimento, em março de 2019.

"A ligação profunda da autora com Mercedes Sosa e a transformação subsequente evidenciam o efeito restaurador das conexões positivas. A autora faz mais do que apenas entreter o leitor ou despertar seu interesse, ela espalha esperança e conhecimento."
— *Pauline Skeates, terapeuta, diretora da Insight-International e criadora da Terapia Focada na Atenção Plena, Nova Zelândia*

www.insight-international.org

Mercedes Sosa

A Voz da Esperança

Anette Christensen

Traduzido por Mariana D'Angelo

Mercedes Sosa
A Voz da Esperança

O encontro que mudou a minha vida

Editora: Tribute2Life Publishing

Editores: Daniel Loedel - NY Book Editors e David Larkin

Tradução: Mariana D'Angelo

Capa: © Tribute2Life Design

Fotografia da capa: © Bernd Arnold

Fotografia da quarta capa: © Reuters/Oswaldo Riwas

Projeto gráfico: © Tribute2Life Design

Ilustrações de abertura de capítulos: © Monica Gaifem

Fotografias internas: © Reuter Archives e Fundação Mercedes Sosa

Desenhos internos: © Anette Christensen

Fotografia da autora: © Pernille Schmidt

Fontes utilizadas: Lora e Antonio

ISBN:

978-87-974524-0-0 (Capa comum)

978-87-974524-8-6 (eBook)
Segunda edição

Dedicatória

Para o meu marido, Kåre. Eu vejo quem você é, e você será sempre belo aos meus olhos. Você me faz sentir a mulher mais amada do mundo e o seu amor me faz brilhar. Com você, minha alma encontrou seu lar.

Agradecimentos

Agradeço à Serhan, "Meu Milagre Turco". Você acreditou em mim, me motivou, me inspirou e me encheu de energia para terminar este livro. Sua amizade e confiança são de valor inestimável.

Agradeço à minha família por me apoiar e aos dedicados amigos, que me incentivaram de muitas formas diferentes ao longo dos anos. Não tenho como mencionar todos, mas vocês sabem quem são!

Agradeço à Sandy Fabrin, da Insight Focused Therapy, por me ajudar no entendimento dos aspectos psicológicos do livro.

Agradeço aos meus financiadores por acreditarem no projeto, me possibilitando trabalhar juntamente com editores de alto nível.

Agradeço a David Larkin por se envolver de corpo e alma na edição final do livro, por entender onde eu queria chegar e por gentilmente me guiar em direção ao meu objetivo.

Sumário

Coqui Sosa, sobrinho de Mercedes Sosa, cantor, autor e embaixador cultural no estado de Tucumán, Argentina.

PREFÁCIO

Mercedes Sosa – A Voz da Esperança tocou profundamente meu coração. O que torna esta biografia única é o fato de ter sido escrita por alguém que a princípio não conhecia Mercedes, mas que mesmo assim conseguiu desvendar a essência de seu legado e enfim "encontrá-la" e conhecê-la. Desde a primeira página, fiquei comovido e impressionado com o modo como a Tia Mercedes foi capaz de viajar no tempo e no espaço e despertar em Anette a admiração e o compromisso de contar a história de quem foi Mercedes de verdade e de torná-la visível para o leitor. Nos dias de hoje, em que a arte é tão efêmera quanto a própria vida, esse é um grande desafio.

Aqueles que buscam mais do que um entretenimento passageiro devem ler este livro, com a certeza de que foi bem fundamentado e escrito de forma profissional, honesta e sincera. O objetivo de Anette era capturar a vida de Mercedes como artista e como pessoa, e a missão foi cumprida. Ela acertou em cheio!

Sinto-me profundamente grato à Anette por ter realizado esse trabalho tão necessário de fazer com que minha tia seja conhecida e lembrada em todo o mundo, e guardo Mercedes Sosa – A Voz da Esperança como um dos meus maiores tesouros!

Coqui Sosa, Tucumán, março de 2023

Coqui Sosa em sua casa em Tucumán. A versão em espanhol de Mercedes Sosa – A Voz da Esperança acabava de chegar pelo correio, diretamente da Dinamarca.

Contato:
www.youtube.com/@coquisosaoficial
www.instagram.com/coquisosaoficia
www.facebook.com/coquisosa2022

Introdução

É INCRÍVEL o poder que as pessoas têm de influenciar as nossas vidas, para melhor ou para pior, e como, por vezes, isso pode acontecer de repente, da maneira mais inesperada. Mercedes Sosa, a renomada cantora e ativista argentina, teve esse efeito sobre mim — e por mais estranho que pareça, foi no dia de sua morte.

A primeira vez que ouvi falar em Mercedes Sosa foi quando o seu falecimento foi anunciado no noticiário. Eu estava em meu pior momento em praticamente todos os sentidos que se possa imaginar. A crise financeira forçara meu marido e eu a fecharmos nossas duas empresas, uma agência de viagens e uma imobiliária. Fomos obrigados a vender nossa casa e, mais ou menos na mesma época, fui diagnosticada com síndrome da fadiga crônica, o que me impossibilitou de trabalhar e pagar as nossas dívidas. Em consequência disso, eu me sentia psicologicamente perturbada e já não tinha esperanças de um futuro melhor. Eu também lutava para me recuperar de traumas de infância que fizeram com que minha mãe e eu nos distanciássemos por um tempo.

Foi no auge do meu mais profundo desespero que a descoberta de Mercedes Sosa despertou em mim uma nova esperança que deu início a minha recuperação. Quando a notícia de seu falecimento passou no jornal, eu assisti a um curto vídeo onde ela cantava "Gracias a la vida" (Graças à vida). Foi um momento decisivo. A intensidade e a firmeza em sua voz, o entoar de cada nota e de cada palavra pareciam refletir a minha alma. Sua sensibilidade, intensa paixão, presença marcante e carisma me emocionaram profundamente, e essa curta sequência me levou a uma jornada que mudou a minha vida.

Comecei a ver e ouvir Mercedes Sosa na internet e logo me vi completamente imersa em sua vida — um universo de música e amor. No início, eu o fazia unicamente para o meu conforto e recuperação. A ideia de escrever um livro sobre ela e sobre como esse encontro com ela afetou a minha vida só me ocorreu três anos depois, quando eu soube que havia descoberto um caminho realmente eficaz para a plenitude — e que havia evidências científicas sustentando minha experiência.

A fadiga crônica da qual eu sofria me forçara a diminuir o ritmo em todos os sentidos. Isso foi muito frustrante, até eu perceber que desacelerar me permitiu estar mais atenta à minha voz interior, o que me levou a associar Mercedes Sosa a uma figura materna. Intuitivamente, comecei a usar seus olhos como um espelho, refletindo aquilo que eu perdera na infância. Em seus olhos encontrei o olhar de uma mãe, um olhar que dizia: "Eu vejo quem você é, e para mim você é maravilhosa".

Eu me recuperei praticando *mindfulness*. Os nossos pensamentos são como fardos espalhados por todo lado em um armazém escuro, e praticar *mindfulness* é como acender as luzes para que possamos nos movimentar sem esbarrar neles e nos machucar. A maioria dos nossos pensamentos acontece de forma automática e tem um enorme poder para influenciar nosso humor, nossos sentimentos e comportamentos. Ser *mindful* significa afastar-se e observar os pensamentos e sentimentos sem julgá-los ou acreditar que sejam fatos.

Quando eu praticava *mindfulness*, às vezes emergiam lembranças dolorosas da minha infância. Ao focar minha atenção em Mercedes Sosa, todo o meu ser ficava relaxado e em paz. Evidentemente, fiquei curiosa em saber por que Mercedes e sua música tinham esse efeito em mim.

Baseando-me em pesquisas sobre neurobiologia interpessoal, eu apresento as minhas descobertas sobre como o ato de se conectar com outra pessoa pode resultar em transformação pessoal e crescimento, e como isso pode acontecer até mesmo em uma relação imaginária, como a que eu tive com Mercedes Sosa. A neurociência enfatiza que aquilo em que focamos irá moldar o nosso cérebro, o que, por sua vez, altera a nossa percepção de mundo e o modo como percebemos o nosso passado. A minha história pessoal na segunda parte do livro mostra como usei essa relação imaginária com Mercedes Sosa para alterar os disparos neurais no cérebro e reescrever meu passado. Ela apresenta o caminho que encontrei para a cura, uma via que pode ser facilmente acessada por qualquer pessoa. Seria uma grande alegria para mim se minha experiência lhe tocasse e pudesse ser útil também a você.

Eu sinto que não compartilhar minha história agora seria um desserviço, não apenas a Mercedes Sosa, mas à voz da esperança que dela emanava e que continua viva em cada um de nós. Também sinto que devo isso a qualquer pessoa que lute contra traumas emocionais ou dores crônicas, porque o que encontrei pode funcionar para todos — seja através da conexão com Mercedes ou outra pessoa significativa. Convido você a acompanhar a minha jornada pessoal e descobrir por que minha conexão com Mercedes se tornou crucial. Contarei segredos que não compartilhei com ninguém durante anos.

Como a descoberta de Mercedes Sosa teve um impacto tão profundo e inquietante em mim, comecei a procurar por qualquer informação que conseguisse encontrar sobre ela. Logo descobri que não era só eu que me sentia revigorada e transformada em sua presença. Ela era a voz da esperança não só para mim, mas também para milhares de fãs. Ao me aprofundar na vida de Mercedes, descobri que seus fãs muitas vezes se referiam a ela como uma "presença mística". Isso despertou minha curiosidade em saber mais sobre sua vida pessoal — a relação que tinha com a família, os fãs e os amigos, e também sobre os eventos que moldaram sua vida pessoal e profissional. Eu embarquei em uma jornada para descobrir o segredo por trás de seu enorme impacto e dessa tal "presença mística".

O que descobri me afetou em vários níveis. Ver como Mercedes lidava com problemas sociais e políticos aumentou minha consciência social. Observar como ela se relacionava com os outros, fossem camponeses ou presidentes, amigos ou inimigos, me tocou profundamente e despertou em mim um desejo de me tornar mais respeitosa e compassiva, e prestar mais atenção aos outros. Mas o mais importante foi que seu exemplo me inspirou a entrar em contato com o meu eu interior, cuidar das minhas feridas, aceitar o passado e acatar as mudanças inesperadas que a vida traz. Se Mercedes conseguiu reerguer-se de suas angústias como uma pessoa mais empática, resiliente e autêntica, também podemos cada um de nós, assim que aprendermos a responder aos desafios da vida de forma construtiva.

Ao escrever este livro, entrei em contato com a família de Sosa, na Argentina com a esperança de obter informações sobre a vida dela, além da aprovação deles para este projeto de documentação de sua vida, infância, carreira musical e do ambiente sociopolítico em que viveu. Sinto-me muito feliz com a aprovação deles no estágio inicial do livro e por terem achado interessante minha abordagem psicológica.

Além disso, conversei com alguns fãs e amigos de Mercedes Sosa e incluí também suas histórias. Através da minha conexão com pessoas da América Latina, comecei a entender a profunda afeição de Mercedes Sosa por seu povo. Os latino-americanos se tornaram muito especiais para mim também, e seu carinho, apoio e incentivo tocaram meu coração.

Não considero este livro uma biografia completa de Mercedes Sosa — é mais propriamente um perfil pessoal dela. Eu usei minha imaginação em alguns trechos para preencher lacunas sem reduzir a credibilidade da história como um todo. Essas passagens estão listadas nos apêndices. Lá também explico como usei uma abordagem empática para conhecer Mercedes bem o bastante para escrever este livro sem ter acesso às fontes em espanhol.

Talvez você queira saber o porquê do meu empenho em descrever a situação política na América do Sul. Através da Mercedes, eu me afeiçoei pela América do Sul e percebi que o continente é muito negligenciado pela mídia fora dos países de língua espanhola. Como disse certa vez o cantor cubano Pablo Milanés, amigo de Mercedes, é impossível contar a história da América Latina sem mencionar Mercedes Sosa. Acredito que o oposto também seja verdade. É impossível falar de Mercedes Sosa sem mencionar esse conturbado mas vibrante continente ao qual Mercedes se dedicou sua vida inteira. Refiro-me à América do Sul como o continente no hemisfério ocidental constituído pelos países e ilhas ao sul do Panamá. Uso América Latina como entidade cultural de nações de línguas espanhola e portuguesa em ambas as Américas.

Os desenhos ao longo deste livro são de minha autoria. Eu não sou artista e nunca fiz uma aula de desenho sequer. Mas enquanto assistia e ouvia Mercedes Sosa, comecei a colocar no papel a visão que tinha dela. Tornou-se uma forma de terapia para mim.

Em meu canal no YouTube, *Mercedes Sosa – The Voice of Hope*, você encontrará uma lista de reprodução com muitas das músicas e acontecimentos que descrevo no livro. Ao deparar-se com eles, recomendo visitar o canal para ter uma melhor compreensão do que está sendo descrito.

Estou feliz por, após quase dez anos analisando, ouvindo, assistindo, pesquisando e escrevendo, poder finalmente apresentar a você essa mulher incrível, que influenciou um continente inteiro usando seu talento inigualável e sua personalidade marcante e que mudou a minha vida mesmo após a sua morte.

Escrevi este livro por profundo respeito a Mercedes Sosa e a tudo o que ela representa. Esta é minha canção de amor a Mercedes Sosa. Em sua voz, a vida se transforma em uma canção com o perfume da esperança, tão doce e belo quanto as flores que crescem nos caminhos daqueles que olham para o futuro. Sua voz representa uma mulher que, por sua vez, representa sonhos, ideais e um amor que vai muito além das fronteiras da música. Mercedes Sosa foi mais do que uma canção. Ela foi a voz da esperança para muitos. Que este livro amplifique sua voz e a esperança que ela despertou.

Parte Um
Vida e carreira de Mercedes Sosa

"As pessoas mais belas que conhecemos são aquelas que conheceram a derrota, o sofrimento, as dificuldades, as perdas, e encontraram o caminho para fora das profundezas. Essas pessoas têm uma apreciação, uma sensibilidade e uma compreensão da vida que as enche de compaixão, gentileza e uma profunda preocupação amorosa. Pessoas belas não surgem ao acaso."
Elisabeth Kübler-Ross

Dinamarca,
4 de outubro de 2009

"A cantora argentina e heroína popular Mercedes Sosa morreu devido à falência múltipla dos órgãos após ter sido internada em um hospital em Buenos Aires há três semanas. Sua carreira se estendeu por mais de seis décadas e ela gravou mais de quarenta álbuns, fazendo apresentações no mundo todo. Sosa foi o ponto de referência de resistência para muitos argentinos durante o período da ditadura e, através de suas canções, deu vida ao movimento de protesto entre a classe trabalhadora, o que levou ao colapso da junta militar em 1983. Mercedes Sosa ficou famosa na Europa no período em que viveu exilada na Espanha e na França, de 1979 a 1982. Ela viveu até os setenta e quatro anos de idade."

É UMA NOITE de domingo e me sento para assistir ao noticiário com meu marido. Junto com o relato sobre a morte de Mercedes Sosa, um curto vídeo é exibido na tela da TV, mostrando uma linda mulher de longos cabelos negros. Ela usa um vestido preto com um poncho andino vermelho por cima. Com uma paixão extraordinária e uma voz marcante e comovente, ela canta uma canção, "Gracias a la vida" (Graças à vida). Fico encantada com sua autenticidade e carisma, e não demora até perceber que estou assistindo a uma mulher verdadeira e sincera, tão pura e extraordinária que começo a me questionar por que não tinha ouvido falar dela até agora. Como se nada mais importasse, levanto-me para descobrir mais sobre ela na internet. Aparecem numerosos *links* do YouTube. Começo a assistir e a ouvir.

No primeiro vídeo, Mercedes canta gloriosamente "Zamba por vos" (Zamba para você), com o quarteto folclórico argentino Los Chalchaleros. Radiante e graciosa como um abraço gentil, Mercedes sobe ao palco com um sorriso reconfortante nos lábios e os olhos brilhando de entusiasmo. Em meio a intermináveis aplausos, ela cumprimenta os membros do conjunto, envolvendo-os em calorosos abraços. Ela então se volta para o público e, calmamente, começa a cantar em sua voz de contralto — intensa, agradável e suave.

O segundo vídeo a que assisto é "Todo cambia" (Tudo muda), gravado em 1993 no Festival de Viña del Mar, no Chile. Vestida de preto da cabeça aos pés, ela aparece mística e monumental, soando tão poderosa e convincente quanto aparenta. Conforme conquista o palco, dando passos de dança latino-americana enquanto balança a echarpe sobre a cabeça, sinto emanar dela uma enorme energia. Vejo uma pessoa dinâmica e determinada, sem medo de expressar seu verdadeiro eu. Seu olhar carinhoso e sincero, embora firme, cativa-me e sinto como se ela estivesse, através da tela do computador, olhando diretamente para minha alma. Há algo nela, uma "presença mística", que alcança as partes mais íntimas do meu ser e me toca profundamente. Lágrimas escorrem pelo meu rosto quando percebo que achei algo que sempre esperei encontrar.

Instintivamente compreendo que ela é uma cantora com uma mensagem e uma missão. Eu quero descobrir quais são.

Buenos Aires,
4 de outubro de 2009

EM SEGUIDA AO anúncio oficial da presidente, que marca o começo de três dias de luto nacional, as bandeiras são hasteadas a meio mastro por toda a Argentina. Ao redor do país, concertos e shows programados para esse período são cancelados e condolências de chefes de estado — da América Latina e do resto do mundo — não param de chegar.

"La Negra" (A Negra), como era carinhosamente chamada por causa dos cabelos pretos e sua ascendência andina do norte da Argentina, repousa serenamente em seu caixão na sala mais formal do Congresso, o *Salón de los Pasos Perdidos*, honra reservada apenas aos mais notáveis ícones nacionais. Na *Avenida Callao*, rua que leva ao Congresso, admiradores fazem fila para prestar homenagens.[1]

Nos *Pasos Perdidos*, coroas de flores luxuosas enfeitam o impressionante hall de mármore. Lustres imensos e enormes velas iluminam a penumbra do amplo salão, com o caixão aberto posicionado bem ao centro. A presidente da Argentina, Cristina Fernández de Kirchner, acompanha a família de Sosa enquanto prestam condolências à cantora. A família, incluindo o filho de Mercedes, Fabián Matus, e os dois netos, Agustín e Araceli, mantém-se próxima, com os braços entrelaçados como em um meio abraço, enquanto Cristina acaricia a mão sem vida de Mercedes Sosa. Néstor Kirchner, ex-presidente e marido de Cristina, permanece ao seu lado, discreto e com um olhar atento.

A população também está presente. Respeitosamente, um crescente grupo de pessoas passa pelo caixão aberto onde ela jaz com seu vestido azul bordado. Os longos cabelos negros, que aos 74 anos não têm um único fio grisalho, emolduram a face serena com maçãs do rosto salientes. As mãos, cuidadosamente dobradas em seu ventre, envolvem um buquê de rosas brancas. O cantor Argentino Luna toca suas músicas enquanto fãs chorosos cantam em coro e se revezam para levar flores ao ataúde.

OS FAMILIARES próximos de Fabián e Mercedes seguem o caixão de madeira marrom que é levado ao carro funerário estacionado do lado de fora do Congresso. Uma multidão de pessoas de todas as idades se junta na *Avenida Rivadavia* para assistir à partida de sua última viagem, do Congresso ao crematório. Estão todos unidos em um momento histórico para a Argentina, que ultrapassa diferenças políticas e sociais.

A procissão de carros funerários passa vagarosamente. Pelo caminho, muitas pessoas carregam cartazes com dizeres carinhosos sobre Mercedes. Um velho revolucionário, em seus sessenta anos, segura uma faixa que diz: "Obrigado por suas canções e por sua luta". Várias pessoas são vistas aplaudindo e acenando à bandeira argentina com honroso entusiasmo. Os jovens cantam animadamente várias e várias vezes: *"Olé Olé Olé Olé, Negra Negra"*, como se fosse a seleção voltando após vencer um campeonato de futebol. Em praticamente todas as esquinas, grupos de pessoas munidas com diferentes instrumentos começam a cantar. Uma linda melodia ecoa pelas ruas de Buenos Aires — música que por décadas trouxe esperança e conforto, desafiando a ditadura e apoiando a democracia.

É um dia de tristeza que toca profundamente a alma argentina. A heroína popular nacional, a mãe da nação, está morta. Mas o que ela proporcionou através da sua vida e da sua música nunca morrerá. Continuará existindo para sempre.

A procissão deixa lentamente o Congresso. Os primeiros carros levam as flores. O último leva o caixão.

Canto superior esquerdo: O corpo de Mercedes Sosa repousa no caixão em seu velório no prédio do Congresso. Buenos Aires, 4 de outubro de 2009.

Canto inferior esquerdo: Pessoas fazem fila do lado de fora do Congresso para prestar homenagens a Mercedes Sosa. Buenos Aires, 4 de outubro de 2009.

Canto superior direito: Fabian Matus, filho de Mercedes Sosa, e amigos carregam o caixão de Mercedes Sosa durante seu funeral. Buenos Aires, 5 de outubro de 2009.

Canto superior esquerdo: Pessoas enchem as ruas para a despedida enquanto o carro funerário que carrega o caixão de Mercedes Sosa se desloca do prédio do Congresso até o cemitério. Buenos Aires, 5 de outubro de 2009.

Canto inferior esquerdo: Pessoas cantam nas ruas lotadas para dar adeus a Mercedes Sosa enquanto o carro funerário que carrega o caixão se desloca do prédio do Congresso até o cemitério.

Canto superior direito: Homem que espera do lado de fora do Congresso para prestar homenagem a Mercedes Sosa segura uma faixa que diz: "Obrigado, Negra, por suas canções e por sua luta".

Mulher segura foto de Mercedes Sosa no Cemitério da Chacarita.
Buenos Aires, 5 de outubro de 2009.

Tempo antes do exílio

San Miguel, Tucumán, 9 de julho de 1935

NO HOSPITAL SANTILLÁN, no noroeste argentino, Ema del Carmen Girón, aos vinte e quatro anos, acaba de dar à luz. São sete horas da manhã. Sua filha recém-nascida dorme abrigada em seus braços. A bebê anunciou sua chegada ao mundo com berros tão fortes que podiam ser ouvidos por toda a maternidade. O que ninguém sabe é que uma das melhores vozes da história acaba de emitir seu primeiro som. Ema está grata pela nova e preciosa vida que carrega nos braços e, por um momento, esquece todos os desafios financeiros que vêm com a criação de um filho. Ema trabalha como lavadeira e seu marido, Ernesto Quiterio Sosa, tem um emprego na indústria açucareira onde colhe cana-de-açúcar e abastece o forno com carvão no Moinho de Tucumán.

Através da janela entreaberta, Ema ouve ao longe salvas de tiros de canhões. Ela os conta — vinte e um. Nove de julho é o Dia da Independência da Argentina. Seu instinto diz que não é uma coincidência a filha ter nascido nesta data. Ela então confidencia à parteira, que acaba de voltar ao quarto: "Esta menina será alguém muito influente um dia. Seu nascimento está sendo celebrado com vinte e uma salvas".[2] A partir desse momento, ela guarda essa certeza em seu coração.

*E*MA E seu marido, Ernesto, costumam concordar em tudo, mas quando têm que escolher o nome da filha recém-nascida, deparam-se com um problema. Ema quer chamá-la de Marta, enquanto Ernesto opta por Mercedes, em homenagem à sua mãe, e Haydeé, em homenagem a uma prima querida. Ela acaba por chamar-se Haydeé Mercedes Sosa, mas pelo resto da vida, a mãe, teimosamente, a chamará de Marta.[3]

Mercedes é criada em Tucumán, também chamada de Jardim da República. Uma região agrícola de clima subtropical com inúmeros campos de cana-de-açúcar, flores e árvores frutíferas, a menor província da Argentina. É nesse oásis no noroeste argentino que Mercedes cresce com sua irmã mais velha, Clara Rosa — também chamada de Cocha — e seus dois irmãos, Fernando e Orlando. A família vive em um bairro operário pobre. O cor-de-rosa dos muros da pequena casa térrea na *Calle San Roque 344* começa a enegrecer por causa da fuligem e da fumaça das fábricas ao redor, e em algumas partes a tinta já está descascando. A única iluminação que entra na casa vem de duas pequenas janelas com barras de ferro voltadas para a estreita rua onde as crianças costumavam brincar, inventando seus próprios jogos, já que nunca tiveram brinquedos. Felizmente, eles moram perto do parque da cidade, que também tem ligação com o Dia da Independência da Argentina, sendo nomeado *Parque Nove de Julio*. O lugar se torna uma segunda casa para eles.

Durante a infância, Mercedes gosta de brincar no parque com seus irmãos e as outras crianças daquela modesta vizinhança.[4] Ela está sempre alegre e tem facilidade em relacionar-se com os outros, mas às vezes prefere estar sozinha, e se retira para sua árvore favorita. Ela gosta de sentar-se encostada ao tronco enquanto observa os insetos zunindo ao seu redor. É uma criança forte em muitos sentidos, mas também tem um lado sensível e reflexivo que a faz questionar por que algumas pessoas são ricas enquanto outras são pobres. Desde muito cedo na vida ela tem definida a percepção de certo e errado. É uma sensibilidade resultada claramente de ter visto seus pais trabalharem duro para manter a fome afastada de casa. Mesmo fazendo todo o possível, muitas vezes eles não têm condições de comprar comida para os filhos. Para mantê-los distraídos da fome, eles os levam para brincar no parque todas as noites na hora do jantar.[3] Para Mercedes, os sábados são os melhores dias, porque é quando seu pai recebe e a família pode desfrutar de um prato de espaguete com manteiga, a única refeição quente que fazem durante toda a semana. Por vezes, a fome a mantém acordada à noite durante horas.[4]

Ainda assim, anos mais tarde, Mercedes diria que teve uma infância feliz. "Eu não quero lamentar-me como alguém que viveu na fome, no frio e na pobreza. Passei minha infância em uma casa pobre que, no entanto, era aquecida pelos sentimentos necessários. Meus irmãos e eu sempre tivemos o essencial, porque nunca nos faltou amor. Nesse sentido, éramos milionários. Nossos pais não só sacrificaram suas vidas, mas também foram espertos. Eles nunca colocaram em nós o fardo de seus sacrifícios. Eles nos deram tudo que puderam, sem revelar o que tiveram que fazer para consegui-lo."[5]

Mercedes nunca se afastou de fato da mentalidade simples com a qual cresceu, e isso molda sua consciência social e faz com que tenha compaixão pelos pobres, o que, juntamente com o amor recebido dos pais, define sua ideologia e forma o alicerce no qual continuará a se apoiar. Já adulta, ela conclui que: "A pobreza sempre nos perseguiu, mas nunca nos derrubou, só nos ajudou a ser livres e escolher nosso modo de pensar".[3]

Mercedes tem uma relação próxima com os avós. Seu avô por parte de mãe é metade francês, enquanto os avós por parte de pai são ameríndios com raízes quéchua, descendendo do império inca. Mercedes não conhece suas origens indígenas até que sua avó, à beira da morte, entra em delírio e começa a falar em quéchua. Essa nova descoberta suscita nela um amor pelo povo indígena e sua cultura, um carinho que carrega consigo durante toda a vida.[2]

Quando Mercedes começa a ir à escola, aprende rapidamente a ler. Ela ama ler, e sempre que é hora de preparar a comida em casa, Ema a manda para fora da cozinha para que possa ir ler em seu quarto.[6] Para Ema, é importante que Mercedes adquira todo o conhecimento possível, e a filha nunca resiste. Ela é curiosa e motivada, e absorve as palavras de um livro atrás do outro como uma esponja. Isso amplia seus horizontes e a ajuda a compreender a história, a cultura e as pessoas de diferentes origens. Durante a infância, Mercedes também canta e dança. Para ela é como falar e andar. Ainda assim, ela continua tímida e não gosta de se apresentar para os outros.

Até que um dia, em outubro de 1950, quando tinha quinze anos, a professora de música da escola, Josefina Pesce de Medici, descobre sua habilidade para cantar. Para encorajar seu talento, a professora pede a ela que lidere o coral da escola, cantando o hino nacional em uma festividade escolar. Mercedes tenta esconder-se ao fundo, mas Medici pede que ela venha para frente de todos os professores, colegas e pais e cante em alto e bom som. Ela está nervosa, apavorada, mas se sai tão bem que a professora e alguns colegas decidem, sem dizer nada, inscrevê-la em um concurso na rádio local. "Lembro-me de cantar a minha vida toda, mas cantar em casa e para o mundo são coisas bem diferentes. Houve um momento em que isso aconteceu. Eu tinha quinze anos, um dia a escola acabou duas horas mais cedo e estava acontecendo uma competição na emissora de rádio da cidade, a LV12. Eu fui mais para tocar do que para cantar."[5] Mercedes escolhe cantar "Triste estoy" (Triste estou), uma zamba de Margarita Palacios, usando o pseudônimo de Gladys Osorio. Ela ganha o concurso e o prêmio é um contrato de dois meses com a rádio. É o primeiro passo de sua longa carreira. Mercedes já sabe que quer passar o resto da vida cantando. Uma estrela acaba de nascer.

Sua mãe sabe sobre o concurso, mas não seu pai, Ernesto, quem elas sabiam que não aprovaria. Ele acaba por descobrir, ao reconhecer a voz da filha no rádio, e fica muito aborrecido. Quando Mercedes chega em casa, ele lhe dá um tapa na cara, algo que nunca tinha feito antes. Ele não quer que a filha se torne uma cantora porque acha que isso a afastará da família e a levará para um estilo de vida rebelde e mundano. Ele não acredita que haja futuro em ser cantora e quer que seus filhos estudem para que possam conquistar mais coisas na vida do que ele pôde. Mas para conseguir o contrato de dois meses com a rádio, Mercedes, que é menor de idade, precisa do consentimento dos pais, e Ema não quer assinar pelas costas do marido. Ela é uma mulher esperta e sabe como convencê-lo. Com um pouco de persuasão, ele finalmente cede e assina o contrato, com a condição de que Mercedes continue a estudar. Para agradá-lo, ela decide tornar-se professora de dança e estudar danças tradicionais latino-americanas, como a *chacarera*, a *milonga*, e a *zamba*.

A região onde cresceu, com influência de culturas indígenas da vizinha Bolívia, a inspira a tornar-se cantora popular de músicas folclóricas, embora pudesse, em vez disso, ter facilmente feito uma carreira na ópera — o que inclusive considerou por algum tempo. Essa escolha profissional acabou por ser uma vantagem para sua carreira como artista. Mas ela não para de cantar e continua recebendo muitos convites para se apresentar em eventos públicos. Seus pais não têm outra escolha a não ser se acostumar com a ideia, e pouco a pouco o fazem. Não demora até que toda a família a acompanhe aonde quer que ela vá.[4]

Ainda que Mercedes ame cantar, e mesmo com a frequência que o faz para o público, estar diante dele ainda é um imenso desafio. Ela continua tímida e, apesar das aparências, sofre de severo medo de palco. É um medo que ela sabe que precisa vencer para realizar aquilo que está se tornando seu sonho.

EMA E Ernesto se interessam por política. Eles não pertencem a nenhum partido, mas apoiam Juan Perón e ainda mais sua esposa, Evita, quem admiram pela beleza e pela influência que tem. Assim como eles, Evita vem de uma região pobre do país; diferentemente deles (mas quem sabe como sua filha), ela conseguiu, como atriz, sair da pobreza. Agora, com o marido no governo, ela é responsável pelo Ministério do Trabalho e pelo Ministério da Saúde. Seu foco tem sido reformas para ajudar a população mais pobre e por isso cria a Fundação Eva Perón, organização beneficente responsável pela construção de casas, escolas, hospitais e orfanatos. Evita também está por trás da legislação que dá às mulheres o direito de voto pela primeira vez. Ela é uma heroína aos olhos da classe trabalhadora e é amada por milhões de argentinos, mesmo com os conservadores de direita mantendo-se veementemente contra ela.

Aos dezessete anos, Mercedes adora Evita e a vê como uma verdadeira revolucionária. É uma grande tristeza para ela quando, em 26 de julho de 1952, Evita morre de câncer cervical com apenas trinta e três anos de idade.[2]

EM 1957, Mercedes conhece Manuel Oscar Matus, um compositor e violonista apaixonado por música tradicional latino-americana, assim como ela. Mercedes se apaixona perdidamente por ele e por suas canções, apesar de já estar noiva de outra pessoa. "Eu estava prestes a me casar com um homem rico, mas me casei com um homem pobre, e nunca me arrependi. Aquele homem pobre foi o autor das canções mais lindas que tenho cantado. Não me casar com ele teria sido um grande erro."[3]

Além disso, Oscar é bonito e charmoso, com fortes ideais esquerdistas. Eles se casam em 5 de julho de 1957. Mercedes não quer deixar Tucumán, onde viveu por toda a sua vida, mas Oscar a convence a mudarem-se para Mendoza, na região Centro-Oeste do país. A cidade é um ponto de encontro cultural para artistas, onde começam muitas amizades vantajosas. Mercedes logo engravida e em 20 de dezembro de 1958 dá à luz seu filho, Fabián. Viver da música é um enorme desafio para eles, a jovem família passa por dificuldades financeiras e vive em más condições, o que faz Mercedes lembrar-se de sua infância. Eles gostariam de ficar em Mendonza, mas as complicadas circunstâncias os forçam a mudarem-se para Buenos Aires, deixando para trás amigos e família enquanto começam uma nova jornada em busca de uma vida melhor e mais estável.[8]

Mas mesmo na capital, eles logo percebem que não conseguirão viver somente da música, então fazem faxinas e trabalham como porteiros noturnos em hotéis. Mercedes, assim como seus pais, sofre com o peso de ser incapaz de alimentar a família. Quando vai ao mercado, ela compra sobras de costelas sem carne — os ossos podem dar algum sabor à sopa que cozinha. Pela primeira vez na vida, ela se sente desencorajada e deprimida. Essa não é a vida que imaginou, nem para si nem para seu filho.

Artisticamente, Oscar Matus é uma grande inspiração para Mercedes, e é com muita alegria que ela canta suas músicas. Ele a encoraja a dedicar-se ainda mais às tradições musicais latino-americanas e a resgatar a música folclórica, gênero que está prestes a ser esquecido com o avanço da música contemporânea. Ele é o produtor de seus dois primeiros álbuns, *La voz de la zafra* (A voz da colheita) e *Canciónes con fundamento* (Canções com fundamento). Eles fazem frequentemente apresentações para os estudantes no campus da Universidade de Buenos Aires, onde Mercedes recebe considerável reconhecimento por parte dos alunos, apaixonados pela sua voz e pela personalidade envolvente. Ela sempre arruma tempo para conversar com eles e ouvir suas ideias. À medida que sua popularidade aumenta, isso desperta em Oscar um ciúme artístico que põe a união deles à prova. A pressão financeira, ainda presente mesmo com os recentes sucessos de Mercedes, afetam ainda mais o casamento. Apesar da admiração pelo trabalho de Oscar, ela tem dúvidas sobre a durabilidade do relacionamento. Ao que parece, a paixão pela música é a única coisa que os une.

COMEÇANDO NO Chile, por influência de Violeta Parra e Víctor Jara, o Movimento da Nova Canção (*Movimiento de la Nueva Canción*) espalhou-se nos anos 60 e 70 por toda a América Latina. Ele é associado à música revolucionária pois os artistas buscam unir-se ao público na luta pela democracia e justiça social, esperando assim realizar mudanças políticas e sociais através da música. As letras destacam questões como a pobreza, o imperialismo, a democracia, os direitos humanos e a liberdade religiosa, e se conectam com as pessoas marginalizadas pois colocam em palavras suas lutas e esperanças. A música "Plegaria a un labrador" (Prece para um trabalhador), de Víctor Jara, por exemplo, fala sobre a necessidade de reformas agrárias, dando aos agricultores o direito de possuírem a terra que cultivam.

Livra-nos daquele que nos domina na miséria
Traga-nos o teu reino de justiça e igualdade
Sopra, como o vento, a flor do precipício
Limpa, como o fogo, o cano do meu fuzil
Faça-se por fim a tua vontade aqui na Terra
Dê-nos tua força e coragem para lutar

Tais canções, carregadas de mensagens políticas disfarçadas por evocativas e poéticas metáforas, são interpretadas como ameaças aos governos opressivos. Uma das preferidas de Mercedes, que em muitos sentidos se assemelha à sua própria luta e resiliência, é "Como la cigarra" (Como a cigarra) da argentina María Elena Walsh, poeta e escritora de livros infantis.

Tantas vezes me mataram
Tantas vezes eu morri
Entretanto estou aqui
Ressuscitando
Graças dou à desgraça
E à mão com o punhal
Porque me matou tão mal
E segui cantando
Cantando ao sol

Como a cigarra
Depois de um ano
Debaixo da terra
Como o sobrevivente
Que volta da guerra

Mercedes Sosa e Oscar Matus são as figuras-chave do Movimento da Nova Canção na Argentina. Desejando trocar ideias com artistas e movimentos ao redor da América Latina, eles encontram-se com onze outros músicos e poetas em Mendoza, em 11 de fevereiro de 1963, para assinar o Manifesto de Fundação do Novo Cancioneiro (*Manifiesto Fundacional del Nuevo Canciónero*). O movimento enfatiza a história indígena do continente e as raízes culturais nativas, fazendo uso de instrumentos folclóricos como a flauta andina, a quena, as flautas de pan e o charango de dez cordas.[9]

Na Argentina, Mercedes e Oscar trabalham juntamente com Armando Tejada Gómez, um poeta argentino que vive em Mendoza. Gomez escreve as letras, Matus compõe as músicas e Mercedes Sosa traz a voz que os conecta. Mercedes nunca escreve as próprias músicas — sua força está em interpretar as canções de outras pessoas e torná-las suas. "Eu me apaixono por uma canção como me apaixono por um homem. Eu amo o que canto",[3] ela diz. Como muitas outras canções que interpreta, "Gracias a la vida" (Graças à vida) também foi escrita pelos chilenos Víctor Jara e Violeta Parra. Graças à interpretação tão persuasiva e pessoal de Mercedes, a música se torna uma das mais conhecidas do movimento no mundo todo, e vira também sua marca registrada. Nos Estados Unidos, ela é cantada por Joan Baez, que também usa sua popularidade como um veículo de protesto social, expressando sua visão anti-imperialista decorrente da Guerra do Vietnã.

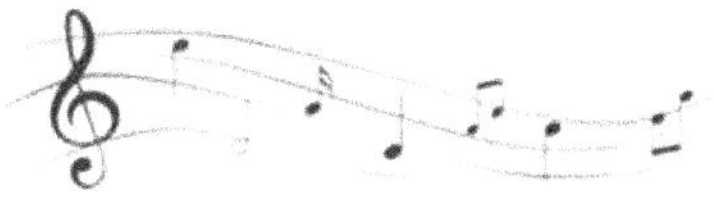

OSCAR MATUS é um comunista fervoroso e apoia métodos combativos. Mercedes se junta a ele no partido, mas não aceita a abordagem combativa que eles têm e se desfilia logo depois. Apesar da brevidade de sua adesão ao Partido Comunista, ela é rotulada pelo resto da vida como um de seus membros, estigmatizada por políticos de direita como uma ameaça comunista. Do outro lado, os comunistas, ao mesmo tempo que tiram proveito em ter seu nome na lista de membros, culpam-na por não ser uma "verdadeira" comunista, já que não rompeu com a Igreja Católica. No entanto, Mercedes não permite que ninguém a rotule. Ela é o que canta na canção "Como un pájaro libre" (Como um pássaro livre), um pássaro livre que segue seu coração e sua convicção em tudo o que faz.

O envolvimento dela no Movimento da Nova Canção é o palanque ideal, onde pode combinar sua arte e sua preocupação com as questões sociais. Ela é uma mulher com ideologias de esquerda, mas não se vê como uma líder política e não gosta de ser taxada como uma manifestante.[10] "Eram músicas de protesto? Eu nunca gostei desse rótulo. Eram canções sinceras sobre o modo como as coisas realmente são. Eu sou uma mulher que canta, que tenta cantar o melhor possível com as melhores músicas disponíveis. Foi-me atribuído este papel de grande contestadora, mas não é nada disso. Eu sou apenas uma artista pensante. Política sempre foi uma coisa idealista para mim. Eu sou uma mulher de esquerda, mas não pertenço a partido algum, e acho que artistas deveriam manter-se independentes de todo e qualquer partido político. Eu acredito em direitos humanos. A injustiça me faz sofrer, o que quero é a paz verdadeira",[11] ela diz.

Reafirmando-se como artista, ela ganha alguns inimigos na esquerda, enquanto seus ideais esquerdistas a fazem uma inimiga da direita. É um dilema, mas que não a impede de se posicionar em sua música. "Às vezes uma canção precisa ter um conteúdo social. Mas a questão primordial é a integridade. Na América Latina, o simples fato de um artista ser honesto, é por si só político",[12] ela diz, e defende que os artistas têm os mesmos direitos em ter uma ideologia que qualquer outra pessoa.

NÃO SÃO só questões políticas que Mercedes precisa encarar, ela também enfrenta um dilema moral ao engravidar pela segunda vez. Ela ama crianças e quer mais filhos, mas sente que isso seria irresponsável.[8] A carreira consome quase todo seu tempo e energia, e a vida turbulenta e instável em que vive não corresponde a um ambiente seguro para criar um filho. Ela já sofre pelas dificuldades que encontra em ser a mãe ideal para Fabián, e é um grande desafio conciliar as altas expectativas que tem de si mesma como mãe com suas ambições como artista. Ela está tensa com a ideia de ter um segundo filho, então, quando adoece durante a gravidez, Mercedes decide fazer um aborto. É uma decisão muito difícil, que a faz sentir incapaz de honrar os próprios ideais.[8]

Essa experiência a faz compreender melhor as meninas que engravidam contra sua vontade. Ela não é contra a Igreja Católica, mas vê como um problema que a Igreja se oponha à educação sexual de jovens adultos e que falhe ao lidar com a questão das crianças que são molestadas por padres. Muitas adolescentes morrem por ir a médicos incapazes, que não sabem como fazer o procedimento de forma correta e segura. Ela acredita que garotas de quinze anos não estão preparadas para cuidar de um filho, e que precisam de alguém para apoiá-las.[8] Ela embarca então em uma jornada para a vida toda, tornando-se porta-voz dos direitos das mulheres. Em 1995 é homenageada por seu trabalho ao receber o Prêmio UNIFEM das Nações Unidas.[13]

Mercedes nunca se arrepende da decisão de ter abortado, mas se sente constantemente culpada por isso.

A PRESSÃO financeira, o estilo de vida imprevisível, a criação de um filho, as discordâncias políticas e o ciúme de Oscar — que faz com que ele a trate mal — forçam Mercedes a se questionar se é capaz de manter os votos e continuar no casamento.[4] Ela está desesperada para sair dessa situação, mas se vê novamente em um dilema. Ela sempre foi uma "boa menina", manteve-se virgem até o casamento e nunca foi infiel ao marido. De acordo com as normas da época e os valores tradicionais da região, ela cresceu acreditando que boas meninas não se divorciam. Mesmo assim, pondera tomar essa decisão, que também vai contra seus valores e sua personalidade leal. No entanto, enquanto reflete, ela descobre que Oscar a traiu e quer deixá-la por outra mulher. Ele toma a decisão por ela, tranquilizando sua consciência. Mas ela se sente humilhada e tem dificuldades em aceitar que ele a tenha abandonado. Raiva não é um sentimento que ela costuma ter, mas acaba por odiar a outra mulher pelo resto da vida. "Eu não deixei o casamento. Ele me abandonou. Uma garota tucumana se casa para a vida toda. Isso me destruiu".[4]

Mercedes e Oscar foram casados por oito anos, até que ela, aos trinta, finalmente aceita que o casamento não tem futuro e concorda com a separação.

Depois do divórcio, ela se sente desolada e solitária. Sem ter sequer um lugar permanente para ficar, ela muda de uma pensão à outra com Fabián, agora com sete anos de idade. A certa altura, ela decide mandá-lo para Tucumán para morar com os avós. Seu rendimento vem do que ganha cantando em casas noturnas em Buenos Aires, mas não é o suficiente, e ela se vê obrigada a pedir empréstimos aos amigos para sobreviver. Quando chega o dia de pagá-los de volta e ela pergunta quanto deve, todos eles dão respostas como: "Que dinheiro?". Ela se emociona profundamente com o senso de solidariedade demonstrado por eles, que também são artistas lutando para conseguir pagar as contas.

Em 1965, Mercedes dá um passo significativo na carreira. Graças ao apoio do famoso cantor argentino Jorge Cafrune, que a convida para cantar no Festival Nacional de Folclore de Cosquín, ela alcança o sucesso nacional. A princípio, a organização do festival não quer que ela se apresente, pois a consideram comunista, mas Jorge Cafrune insiste. De pé no palco, com os braços em volta de Fabián, que traz consigo sempre que pode, ela agradece a Jorge e à organização pela oportunidade de cantar. A canção que marca sua grande revelação é quase profética, sua letra aponta assustadoramente na direção do que Mercedes está prestes a enfrentar.

A noite vem a mim no meio da tarde
Mas não quero me transformar em sombras
Eu quero ser luz e ficar[4]

*E*M 1967, uma nova vida começa a tomar forma. Profissionalmente, Mercedes é apresentada nos grandes palcos internacionais. Ela faz shows em Miami, Roma, Varsóvia, Lisboa, Leningrado e várias outras cidades. Ela fica noiva de Francisco Pocho Mazzitelli, seu empresário, com quem fez amizade enquanto ainda era casada com Oscar. No começo, ele era apenas um bom amigo, mas a amizade se transformou em amor. Ele se torna crucial para o desenvolvimento musical de Mercedes, já que gosta de diferentes gêneros musicais e apresenta a ela a música clássica e o jazz. O relacionamento deles ajuda a evitar que ela fique ainda mais deprimida e solitária após o divórcio. Francisco, ou Pocho, como o chama, a resgata da escuridão, e ela percebe que para manter-se na luz, precisa agarrar-se a ele.[4] Em 1968 eles decidem se casar. Pocho é alguns anos mais velho e dá a ela a paz e a estabilidade que nunca teve no casamento com Oscar. Ele acaba por ser o amor da sua vida, seu verdadeiro parceiro e um pai substituto para Fabián. Ele também está lá para apoiá-la em seu luto quando o pai morre subitamente de um infarto em junho de 1972, aos sessenta e dois anos de idade.[8]

À MEDIDA que a popularidade do Movimento da Nova Canção cresce entre a classe trabalhadora, se torna uma ameaça real aos ditadores no poder em todo o continente. Não tarda até que muitos dos artistas enfrentem repressão política — censura, perseguição, intimidação — e alguns sejam forçados ao exílio. Víctor Jara, grande amigo de Mercedes e um dos líderes do movimento no Chile, sai em apoio a Salvador Allende para presidente. Em 1970, Allende é empossado como o primeiro chefe de estado socialista em um país da América Latina eleito por vias democráticas. Quando se apresenta em frente a multidão para ser homenageado pela primeira vez, há uma faixa pendurada atrás de si onde se lê: "Não é possível fazer uma revolução sem cantar".

Víctor Jara está presente em todos os encontros políticos de Allende. Ele faz shows gratuitos em apoio ao governo e turnês pelo mundo todo, destacando ao público o caminho pacífico do Chile para o socialismo. No entanto, após um sangrento golpe em 11 de setembro de 1973, os militares, liderados pelo comandante-chefe Augusto Pinochet, depõem Allende, que morre de causas desconhecidas durante o ataque ao palácio presidencial.

Na mesma hora, Jara está na Universidade Técnica do Estado, em Santiago, onde trabalha como professor. A universidade fica a poucas centenas de metros de distância do palácio presidencial e está cercada por militares, portanto ninguém consegue sair. Víctor liga para sua esposa inglesa, Joan, e diz a ela para ficar dentro de casa com as duas filhas até que o conflito esteja terminado. Ele diz que vai passar a noite na universidade com outros professores e alunos e volta para a casa de manhã. Eles declaram seu amor um pelo outro e ele desliga. É a última vez que ela ouve sua voz. Pela manhã, alunos e professores são atacados pelos militares e, junto com milhares de outros chilenos pró-Allende, são levados ao estádio nacional de futebol, Estádio Chile. Aqui, Jara é torturado. Primeiro eles forçam-no a cantar e tocar seu violão. Depois cortam suas mãos com um machado e o executam com quarenta e quatro tiros na cabeça, no peito, nos braços e nas pernas. Alguns dias depois, Joan encontra seu corpo em uma vala nos arredores de Santiago.[14]

Eles o fizeram por medo. Como disse um oficial: "Víctor Jara pode causar mais prejuízos com suas canções do que cem metralhadoras". Essa declaração demonstra quão poderoso o Movimento da Nova Canção se tornou, e porque a junta militar, comandada por Pinochet, proíbe o nome e a música de Jara em todo o Chile. Felizmente sua viúva, Joan, consegue enviar clandestinamente a maioria das canções originais do marido para fora do país, permitindo que sejam copiadas e espalhadas mundo afora. Sua morte trágica faz dele um mártir, um símbolo na luta contra o fascismo e a injustiça social na América Latina e no resto do mundo.

Quando a notícia sobre o assassinato de Víctor Jara chega à Mercedes, ela desaba em lágrimas. Ela agora sabe quão longe o regime está disposto a ir até parar os cantores do Movimento da Nova Canção. Ao mesmo tempo, ela também percebe que essas canções são uma poderosa arma. Ela está determinada a continuar cantando-as a qualquer custo, contanto que tragam esperança ao povo. A morte de Jara só coloca mais lenha na fogueira que arde dentro de si. Agora, mais do que nunca, ela está pronta para continuar a luta contra os opressores dos desfavorecidos.

O último álbum de Mercedes, *Hasta la victoria* (Até a vitória), contém músicas com temas sociais e políticos, claramente em resposta a esses horríveis acontecimentos. A canção "Plegaria a un labrador" é quase uma bandeira vermelha tremulando na cara da direita furiosa, já que foi escrita por Jara. No Chile, a música foi censurada. Enquanto isso, na Argentina, as autoridades sob o comando de Alejandro Agustín Lanusse se sentem igualmente ameaçadas e provocadas pelas canções de Mercedes. Com medo de que ela incite uma revolta, eles proíbem a maioria de suas músicas, que deixam de ser tocadas na rádio. Seus discos não podem mais ser vendidos nas lojas. Ela ainda tem permissão para se apresentar, desde que mantenha as canções banidas fora do repertório, mas a liberdade para se expressar e ganhar a vida está consideravelmente restrita. "Eu sempre cantei canções sinceras sobre amor, paz e injustiça. Infelizmente algumas pessoas se sentem ameaçadas pela verdade",[15] ela diz.

O golpe no Chile precede o que será um grande baque para Mercedes. A Argentina passa por um golpe atrás do outro, gerando caos político e mudanças governamentais. Perón, que foi derrubado em 1955 por um golpe militar dado pelo católico nacionalista Eduardo Lonardi, consegue voltar ao governo em 1973, depois de anos de exílio na Espanha. Isso traz um fio de esperança para a democracia, mas o Partido Peronista está dividido entre alas liberais e conservadoras, fazendo com que seja difícil, senão impossível, governar. Na Espanha, Perón foi fortemente influenciado pelo General Franco, e sua nova esposa, Isabel, a quem nomeou vice-presidente, se empenha apenas em atender às demandas de grupos da direita. Ela também se interessa pelo ocultismo e mantém uma forte conexão com o vidente José López Rega, a quem convence o marido de contratar como seu secretário pessoal. López Rega se torna responsável por estabelecer uma força paramilitar, a Aliança Anticomunista Argentina, ou *Triple* A, como ficou conhecida. A organização é encarregada essencialmente de aniquilar todos os membros da ala esquerda dentro do partido. A última estada de Perón no governo é curta, já que ele falece em 1 de julho de 1974 devido a um infarto. Isabel Perón assume a presidência após a morte do marido, tornando-se a primeira mulher fora da monarquia a ocupar o cargo no Ocidente. Mas ela quase não tem experiência política, e menos ainda ambições. Ela nomeia López Rega ministro do Bem-estar

Social. Ele tem convicções extremamente fascistas e sob sua influência, Isabel passa para a extrema-direita. Ela assina um decreto que dá à *Triple* A carta-branca para abater atividades de guerrilha e "exportar todos os desordeiros". É organizado um esquadrão da morte, inspirado por alguns dos milhares de criminosos de guerra nazistas que Juan Domingo Perón permitiu entrar na Argentina depois da Segunda Guerra Mundial.[16] Em 1974, eles matam setenta oponentes de esquerda. O número cresce rapidamente e, em 1975, são assassinadas cinquenta pessoas por semana![17]

Durante o mandato de Isabel Perón como presidente, a economia do país entra em risco. O peso cai setenta por cento e a Argentina vive uma inflação devastadora, resultando em uma recessão. Paralelamente, ela é acusada pela oposição de transferir enormes somas do programa beneficente do governo, *Cruzada de Solidaridad* (Cruzada da Solidariedade), para suas contas bancárias pessoais na Espanha. Ela perde então os últimos apoiadores que tinha e, em novembro de 1974, declara o país em estado de emergência.

MERCEDES SE VÊ em meio a tudo isso quando, em 1974, é convidada pelo Partido Comunista para ir a Cuba. A viagem é vista com severidade pelos que estão no poder e, a alguns dias da partida, ela recebe uma carta antes de um concerto no Teatro Estrella, em Buenos Aires. Ela abre e fica paralisada. Seu coração acelera. Tremendo, ela lê a mensagem assinada pela *Triple* A dizendo-lhe para sair do país em quatro dias ou aceitar as consequências.[4] Ela tem um espetáculo a fazer e se recompõe, fingindo que está tudo bem. Mas aquilo a derruba. O que quer que ela faça, sabe que sua vida e carreira estão prestes a mudar para sempre.

Depois do show, Pocho insiste que eles encarem o medo e voltem a pé, como sempre fazem, ao invés de se acovardarem. Mas falar é mais fácil do que fazer. Andando pela Rua Carlos Pellegrini em direção à Rua Cordoba, no centro de Buenos Aires, eles percebem que estão sendo seguidos, uma experiência que fica marcada na memória de Mercedes. "Era uma noite de sábado. Eu nunca vou esquecer. Durante essa caminhada eu aprendi o que é o medo", ela diz.[2]

Eles voltam para casa apressadamente e, quando estão seguros dentro dela, afastam cuidadosamente a cortina da sala para olhar a rua. Os mesmos homens estão lá fora. Da calçada, eles espreitam o apartamento enquanto fumam um cigarro. Mercedes começa a suar. Suas mãos tremem. Pocho coloca os braços sobre seus ombros e tenta acalmá-la, explicando que a *Triple* A não pode fazer nenhum mal a ela porque isso atrairia muita atenção internacional. Mas Mercedes está convencida de que seu nome figura na lista de "Comunistas Perigosos" da *Triple* A, ainda que já tenham se passado anos desde que ela foi membro do partido. Ela também sabe que eles consideram suas músicas perigosas. Mercedes está determinada a não deixar que a ansiedade e o desespero a impeçam de cantar. De alguma forma, ela se acostuma a ter a *Triple* A perseguindo-a. Ela é capaz de lidar com isso porque continua feliz em sua vida pessoal. Pocho a ajuda a manter-se firme.

A suspeita de Mercedes sobre seu nome estar na lista de arqui-inimigos do estado é comprovada logo após sua morte. Em 2013, o ministro da defesa divulga registros secretos do plano de governo da junta militar até o ano 2000 encontrados no porão do quartel-general da Força Aérea Argentina. Os documentos estão assinados pelos secretários-gerais. Entre os arquivos está uma lista negra com nomes de 331 intelectuais, jornalistas, artistas e músicos considerados as pessoas mais perigosas ao regime por seu histórico de ideologia marxista. Os documentos têm valor legal para os processos ainda em curso na Argentina.[18]

*C*AOS E instabilidade política abrem caminho para outro golpe e os militares se aproveitam da apreensão das pessoas em relação ao comunismo, considerado o "inimigo interno" e uma ameaça à Argentina conservadora e aos ideais ocidentais. A missão dos militares se torna mais do que apenas proteger as fronteiras do país; eles agora também são responsáveis por proteger a pureza ideológica da nação.

Uma junta militar liderada pelo almirante Emilio Massera, o general Orland Ramón Agosti e o ex-comandante militar do Exército argentino, Jorge Rafael Videla, derrubam Isabel Perón do poder em 24 de março de 1976. Dois dias depois, Videla se autointitula presidente. Este não é só mais um golpe — a Argentina está prestes a enfrentar o período mais sangrento e vergonhoso da sua história. Videla planeja eliminar todos que se opuserem ao regime. Enquanto ainda era comandante militar no Exército, ele deu uma entrevista para um jornalista em uma conferência no Uruguai onde disse que para garantir a segurança nacional, morreriam todos que fossem necessários. O repórter pediu que ele esclarecesse a quem estava se referindo e Videla respondeu sem hesitação: "A todos que se opõem ao modo de vida argentino".[17]

A maior parte da mídia conservadora passa uma imagem positiva dos generais. Eles são mencionados como pombas da paz que, fazendo um autossacrifício, assumiram o fardo de salvar a Argentina e evitar um banho de sangue. Mas logo após a posse, a junta substitui a constituição existente pelo que chamam de *El Proceso* (Processo de Reorganização Nacional). Como num passe de mágica, eles dão a si próprios autoridade para exercer todos os poderes judiciais, legislativos e executivos. Os generais se designam protetores dos costumes, das famílias e dos bens da nação. Qualquer crítica ao novo governo é vista como oposição a ser erradicada para o bem da pátria. Sindicatos, partidos políticos e universidades estão sujeitos ao controle das forças armadas. Tanto a Polícia quanto o Exército ganham mais autoridade. O comunismo deve ser parado a qualquer custo. Em todo o país, 340 campos de detenção secretos são financiados pelo Estado. São estabelecidas unidades militares especiais para sequestros, interrogatórios, tortura e assassinatos. Ninguém se sente seguro. Pessoas são raptadas de suas casas no meio da noite por homens à paisana fortemente armados. Eles perseguem mulheres grávidas, crianças, bebês, estudantes, jornalistas, professores, artistas, freiras, padres, advogados — qualquer um que mostre qualquer sinal de simpatia pelo inimigo. Como disse em 1977 o governador de Buenos Aires, general Ibérico Saint-Jean: "Primeiro mataremos todos os subversivos. Então mataremos seus colaboradores, em seguida os simpatizantes, depois aqueles que são indiferentes e por fim mataremos os tímidos".[17]

Esquadrões armados invadem as casas das pessoas e ameaçam famílias inteiras. Vendam seus olhos, algemam-nas e levam-nas para os campos de detenção, onde são sistematicamente expostas a torturas físicas e psicológicas. Pais são forçados a testemunhar a tortura dos filhos. Casais são obrigados a presenciar um ao outro sendo violados. Muitas vezes isso acontece na presença de um médico, responsável por manter as vítimas vivas pelo maior tempo possível. Quando a vítima morre, eles se livram do corpo para eliminar as evidências dos crimes.

Muitas famílias não denunciam um parente desaparecido por medo de causar a ele ainda mais sofrimento. Quando não há um corpo e um membro da família denuncia alguém desaparecido, corre o risco de ser acusado pelo crime. No Rio da Prata, corpos não identificados começam a aparecer na costa. Descobre-se que algumas das vítimas de tortura são dopadas, levadas a um aeroporto, colocadas dentro de um avião e jogadas ao mar — vivas.

Referindo-se aos assassinatos como "desaparecimentos", os generais tentam refutar qualquer acusação de envolvimento. "Os desaparecidos são somente isso, desaparecidos. Não estão nem mortos nem vivos, estão desaparecidos", diz Videla.

Muitos desaparecidos são crianças raptadas de seus pais, inclusive bebês que nasceram em cativeiro nos campos de detenção (as mães são geralmente assassinadas logo após o parto). O regime entrega essas crianças aos oficiais de alta patente do Exército para adoção ou, em algumas ocasiões, para casais inocentes que não sabem a origem da criança. Os generais acreditam que é melhor para elas crescerem em uma família "digna" ao invés de serem criadas por rebeldes. "Pais rebeldes ensinam os filhos a se rebelarem. Isso tem que ser parado",[17] diz em 1984 o chefe da polícia de Buenos Aires, general Ramòn Juan Camps, na tentativa de justificar suas ações. O resultado dessa política é que muitas crianças crescem com histórico e identidade falsos, sendo privadas dos direitos reconhecidos internacionalmente como direitos humanos universais.

Os parentes dos desaparecidos começam a se organizar na busca pelos entes queridos. Azuenca Villaflor, uma mulher em seus cinquenta anos que perdeu o filho e a cunhada, começa a receber outras mães em sua casa para transformarem o desespero em ação e descobrirem o paradeiro de seus filhos e netos. Em abril de 1977, quatorze mãe e avós se juntam, visando expor ao mundo os crimes do regime. Elas começam a se encontrar todas as quintas-feiras às três e meia da tarde na *Plaza de Mayo*, em frente à sede do Governo, *La Casa Rosada* (A Casa Rosada), no coração de Buenos Aires. Como as reuniões em lugares públicos estão proibidas, elas simplesmente andam em silêncio, vestindo lenços brancos que simbolizam fraldas e carregando fotos dos parentes desaparecidos. Em outubro de 1977 é criada a Associação das Avós da Praça de Maio. Sua missão é encontrar e reunir aproximadamente 500 crianças desaparecidas e suas famílias. Elas recebem ameaças de morte e sofrem insultos e ataques do Exército, mas ninguém morre.

Para ficarem fora do radar, elas se encontram em lugares públicos, fingindo que estão esperando o ônibus ou comemorando um aniversário enquanto estão na verdade fazendo listas com nomes e fotos dos desaparecidos, que depois são enviadas para organizações dentro e fora da Argentina. Também são reunidas provas de que as crianças ainda estão vivas. Elas escrevem cartas à Suprema Corte, mas são sempre rejeitadas. A maioria dos juízes se recusa a aceitar casos de pessoas desaparecidas por medo de incomodar o regime e colocar a si mesmos e suas famílias em perigo. Os juízes que se atrevem a fazê-lo, recebem ameaças de morte.

No Dia das Crianças, em 5 de agosto de 1978, um dos maiores jornais de Buenos Aires assume o risco e publica uma carta ao editor enviada pelas avós, fazendo um apelo àqueles que adotaram as crianças para que as devolvam. A carta causa comoção dentro e fora da Argentina. Como consequência, elas recebem uma dica anônima sobre uma criança desaparecida. Para investigar, elas começam a trabalhar como detetives. Às vezes vão ao cabeleireiro na área onde a criança foi vista, por exemplo, ou se candidatam para trabalhar como empregadas domésticas para que possam aproximar-se de determinada família. Em março de 1980, elas conseguem pela primeira vez identificar duas irmãs encontradas com uma família no Chile. A família não tinha conhecimento da história por trás da adoção.

Tendo encontrado as duas irmãs, as avós enfrentam outro desafio — elas não conseguem provar ao juiz que estas crianças são realmente parentes desaparecidas. Fotos e mechas de cabelo não são o suficiente porque as cortes argentinas não estão dispostas a fazer testes genéticos. Isso as força a procurar ajuda de cientistas internacionais, que fornecem as provas necessárias.

A maioria das avós é católica e conta com o apoio da Igreja, mas os bispos as deixam desamparadas pois tendem a defender o sistema político. Mesmo o papa, Paulo VI, nunca respondeu à carta que lhe escreveram em 1978. Elas então mudam a estratégia e decidem ganhar mais atenção internacional, escrevendo 150 cartas para embaixadas, jornais, organizações e políticos. Em público, elas eram chamadas de *Las locas de Plaza de Mayo* (As loucas da Praça de Maio), mas à medida que ganham mais atenção internacional, tornam-se uma pedra no sapato do regime, especialmente quando são nomeadas para o Prêmio Nobel da Paz, em 1980.[17]

NO INÍCIO de 1978, Mercedes recebe notícias devastadoras sobre seu grande amigo Jorge Cafrune, que a apresentou ao festival em Cosquim em 1965. Ele voltou para a Argentina depois de passar alguns anos na Espanha e está fazendo shows por todo o país. O governo o proibiu de cantar a controversa música "Zamba de mi esperanza" (Zamba da minha esperança) e ele a remove de seu repertório, mas também dá esta declaração fatal: "Se o meu povo me pedir para cantá-la, eu vou cantar". Como consequência, o tenente-coronel Carlos Enrique Villanueva ordena sua execução e em 31 de janeiro ele é atropelado por uma caminhonete ocupada por dois garotos de dezenove anos. Ele morre doze horas depois devido aos ferimentos.

Duas semanas mais tarde, Mercedes enfrentará uma notícia ainda mais traumática, que afetará sua vida permanentemente. A melhor coisa que lhe aconteceu foi o seu relacionamento com Pocho. Até agora, eles estiveram juntos por dez anos. Foram dez anos intensos em que trabalharam juntos e viajaram para muitos lugares diferentes. Mercedes nunca havia tido tanto amor em sua vida. Com ele ao seu lado, ela se sente estável, forte e resiliente em meio a toda a turbulência política.

Mas a letra profética da canção no dia de sua apresentação em Cosquim, "A noite vem a mim no meio da tarde", está prestes a ser cumprida.

UM DIA, Pocho chega mais cedo do trabalho e vai direto para a cama porque sente uma terrível dor de cabeça. Analgésicos não aliviam a dor. A situação só piora e logo ele é hospitalizado. Os exames revelam que ele tem um tumor cerebral. Não há nada que os cirurgiões possam fazer, é tarde demais. Tudo acontece muito rápido. Ele morre em 22 de fevereiro de 1978, depois de apenas uma semana no hospital.

Mercedes ainda não tinha sido capaz de processar a notícia sobre a gravidade do tumor, e entra em estado de choque.

Pocho era tudo para ela. Por que ele? Por que tão de repente? Eles mal tiveram tempo de se despedir. Mercedes tem apenas quarenta e três anos e já é viúva. Perdeu seu melhor amigo, seu marido e seu empresário. Se não fosse pelo filho, Fabián, ela desejaria morrer também. Mas Fabián agora é um adulto e a apoia muito durante este período crítico. Ele garante que ela ainda tenha muito trabalho, esperando que mantê-la ocupada tire dela o foco da perda, e que assim ela possa encontrar um caminho para superar sua tristeza.

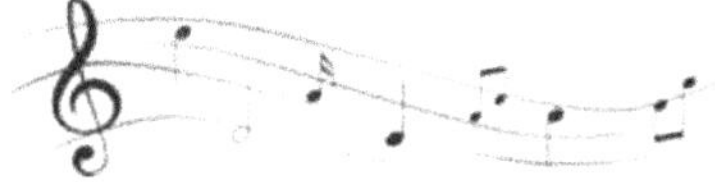

POUCO DEPOIS da morte de Pocho, Mercedes é convidada para fazer um show beneficente para estudantes de veterinária em La Plata, cidade turística no sul de Buenos Aires. Mercedes ama os estudantes e o modo como desafiam o sistema. Ela os vê como o futuro e a esperança da Argentina, e fica feliz em apoiá-los.

A universidade em La Plata é o centro esquerdista no país e está sob a constante vigilância do regime, algo com o qual Mercedes não está preocupada ao ser aplaudida enquanto sobe ao palco. Ela veste um lindo poncho branco e azul-celeste, as cores da bandeira da Argentina. Ao longo da apresentação, ela se deixa levar pela atmosfera do lugar. Os estudantes na plateia pedem a ela para cantar "Cuando tenga la tierra" (Quando eu tiver a terra), que fala sobre uma nova reforma agrária favorecendo os camponeses que precisam pagar aluguel aos grandes latifundiários para usar a terra que cultivam. A música foi proibida, mas Mercedes decide render-se ao público. Assim que começa, forças policiais e militares fortemente armadas entram abruptamente. Atiradores apontam as armas para o palco e para o público. Um jovem policial pula no palco e começa a revistar Mercedes, humilhando-a. Ele toca em seus seios, a algema e a leva presa diante do público. Quando acaba, pega sua mão e a beija, enquanto sussurra: "Me perdoe, Dona Mercedes, mas eu fui obrigado a fazer isso".[11]

Fabián salta para o palco para ajudar a mãe, mas não há nada que ele possa fazer; ele também é detido. Antes que Mercedes possa entender o que está acontecendo, ela e sua banda são detidos junto com todo o público, 350 estudantes. Sobre a experiência que mudará completamente sua vida e carreira, ela diria mais tarde:

"Lembro-me de quando eles me prenderam na frente do meu público. Eu estava cantando na universidade, para alunos que estudavam para serem veterinários. Eles estavam no último ano. Não tinha nada a ver com política. Eu não estava com medo, não se pode cantar quando se tem muito medo. Mas me senti humilhada e impotente. Não é possível cantar com uma arma na mão, e eu não quero matar ninguém. Eu preferia ser morta a ter que matar alguém. Eu vejo que provavelmente fui um pouco ingênua naquele momento. Não finjo que fui santa na minha atitude, agendar aqueles shows era um jeito de lutar contra as jogadas da ditadura. Não sei por que achei que poderia ganhar uma batalha como aquela em um país onde tantas pessoas foram assassinadas, mas eu tentei. Se Pocho estivesse vivo, nunca teria me deixado fazer aquele show".[11]

Mercedes é acusada preliminarmente de desobediência civil. Ela é detida enquanto os militares humilham-na fazendo perguntas intimidantes, ameaçando-a e forçando-a a ouvir as próprias canções. Ela passa dezoito horas na prisão e é liberada graças à pressão internacional e uma fiança de mil dólares. Quando sai da cadeia, ela continua dando shows com ingressos que esgotam rapidamente, mesmo com as pessoas colocando-se em risco ao comparecerem. Suas apresentações recebem ameaças anônimas de bombas e têm que ser canceladas, mas ela ainda está relutante com a ideia de deixar seu país. "Eu não posso viver em nenhum outro lugar do mundo além deste. Quem não gostar das minhas canções, pode ir embora", ela diz.[4] Mas o governador de Buenos Aires acaba por proibi-la de realizar futuras apresentações, e Mercedes percebe que não há como continuar sua carreira na Argentina. Se quer sobreviver e continuar cantando, ela precisa abandonar o país. Ela decide então escrever uma carta ao grande amigo José, em Paris, que havia implorado que ela fosse para lá.

Querido José,

Foi com grande emoção que recebi sua carta em 30 de outubro de 1978. O que me aconteceu foi simplesmente horrível, uma humilhação. Depois de 18 horas fui liberada com meu filho, Fabián. Vou para Paris em fevereiro. Eu preciso respirar e me livrar destes ressentimentos pois eles me farão muito mal. Ficarei o máximo possível. Eles estão cercando-me aqui. Eu acabei de voltar do teatro. Algumas pessoas disseram palavras de apoio e outras se perguntavam: "Essa tola, por que ela insiste em ficar?". Como se fosse fácil abandonar o próprio povo. É do afeto deles que vou sentir mais falta.[4]

Com carinho, Mercedes.

Em tese, Mercedes ainda pode entrar e sair da Argentina livremente, uma vez que não foi indiciada em nenhuma acusação, mas ela continua não tendo permissão para cantar, o que é para ela uma punição ainda maior. Perseguida e incapaz de ganhar a vida, ela vê o exílio autoimposto como única solução, e decide partir para a França. Esse parece ser o único caminho possível para que ela saia da escuridão que a vem atormentando. Desde a morte de Pocho, ela tem tido pensamentos suicidas. O exílio não é só uma fuga da perseguição política; é também uma tentativa de escapar de seus próprios demônios. Talvez ela consiga encontrar um pouco de paz longe do sofrimento que a destrói quando não está cantando.

Mercedes com Fabián, rodeada por seus preciosos livros. Mercedes era uma artista pensante que acreditava que ao abrir a boca para cantar, também saía tudo aquilo que estava em sua cabeça. Por isso era importante para ela ler bons livros, assistir a bons filmes e se inspirar envolvendo-se com a arte.

Víctor Jara, o cantor que foi torturado e morto durante a ditadura militar do general Augusto Pinochet. Levou trinta e nove anos para que oito oficiais fossem condenados por seu assassinato. Em 2003, o Estádio do Chile foi renomeado para Estádio Víctor Jara.

A ex-presidente da Argentina, Isabel Perón, ao lado de seu ministro do Bem-estar Social, José López Rega, em Buenos Aires, em 1975. Em 1986, López Rega foi preso nos Estados Unidos e enviado de volta para a Argentina, onde foi acusado de corrupção, conspiração e homicídio. Ele morreu de diabetes em 9 de junho de 1989, em uma prisão em Buenos Aires, enquanto ainda aguardava seu julgamento. Isabel Perón fugiu para a Espanha e o governo espanhol ainda se recusa a extraditá-la para a Argentina.

Perseguida e sem poder trabalhar, Mercedes vê o exílio autoimposto como única saída para fugir da escuridão que a tem assombrado.

Mercedes tocando o tradicional tambor argentino, la bombo.

Exílio

EM 2 DE FEVEREIRO de 1979, Mercedes viaja para a Europa levando apenas umas poucas malas com pertences pessoais. Fabián a acompanha para ajudá-la a instalar-se. Eles vão primeiro para Paris, onde encontram com o empresário francês de Mercedes, Pierre Fatón, mas ela logo descobre como é difícil se virar sem falar francês. Isso a deixa desamparada e ela conclui que será mais fácil estabelecer-se na Espanha, onde já aceitou diversos convites para se apresentar. Assim, ela decide mudar-se para Madri, onde compra uma casa de cinco quartos com o dinheiro que ganhou em uma maratona de oitenta shows no Brasil. Ela espera que ter o seu próprio lugar a fará se sentir mais confortável e em casa, mas quando Fabián volta para a Argentina e Mercedes fica por sua conta, ela percebe o quão difícil é estar sozinha em um continente estrangeiro sem poder recorrer ao apoio da família. As pessoas mais importantes da sua vida sempre foram a sua família. Sem eles, ela sente uma solidão que nunca havia sentido antes. "O exílio é um castigo, o pior tipo de castigo. Meu filho me ajudou a vir da França para Madri e me ajudou a comprar a casa. O dia que ele voltou para a Argentina, eu fiquei por minha conta, completamente sozinha. O pior tipo de solidão que você possa imaginar. Eu experimentei a solidão bem de perto"[2] ela diz. Mais tarde ela complementa: "O exílio traz um medo de tudo. É uma angústia permanente. Os gregos costumavam dizer que a maior punição para um ser humano é o exílio. É preciso aprender novos costumes, comer novas comidas, esperar por cartas que não chegam e controlar-se para não enlouquecer"[19]

Em Madri, ela está cercada de pessoas a maior parte do tempo. Mesmo assim, ainda sente que uma parte sua foi amputada, especialmente quando volta à noite e encontra vazia sua enorme casa. Ela então pega a garrafa de uísque na prateleira da sala e começa a beber. Depois de mais ou menos sete copos, se sente melhor, mas o alívio dura pouco.

Ela mantém o hábito por alguns meses até admitir os efeitos nocivos para si mesma e decidir parar. Mercedes consegue se disciplinar e nunca mais toca em uma garrafa de uísque. Pelo resto da vida, ela pede apenas uma taça de vinho quando janta fora.

Ela também experimenta fumar haxixe. A primeira vez acontece por acidente, porque de início não sabia o que a tinham oferecido. Ela gosta e experimenta uma segunda vez, mas novamente para antes que vire um vício.[2] "O vício é pior do que a prisão", ela diz mais tarde. "Eu fico triste quando vejo pessoas arruinadas pelas drogas." Deve haver uma maneira melhor de lidar com a solidão sem recorrer ao álcool e às drogas, ela confidencia ao seu grande amigo Dr. Juan-David Nasio, que é psiquiatra na França. Ele explica a ela que a solidão geralmente aumenta com a popularidade porque uma celebridade que é amada por muitos não pode dividir seus conflitos pessoais com o público.[4] Mercedes anseia pela conexão com as pessoas. Ela nunca finge ser alguém que não é, mas reconhece que a solidão será provavelmente sua companheira de vida. Ela precisa encontrar um jeito de lidar com isso, precisa aprender a conviver com ela, ainda que isso não aconteça da noite para o dia. Mas uma outra coisa acontece.

CERTA MANHÃ, ela acorda e descobre que está quase sem voz — mal consegue sussurrar. Ela não está resfriada e se preocupa que seja algo sério. Imediatamente corre para ver um especialista, que a examina minuciosamente. É um fenômeno raro e ele não consegue detectar a origem, mas sugere que o estresse ao qual ela tem sido exposta tenha aumentado seu ácido gástrico.[20] Ele a aconselha a tomar antiácidos para evitar que o ácido gástrico afete as cordas vocais. Ele também lhe diz para proteger a voz e não a forçar. Tudo que ela pode fazer é aguardar e esperar que se recupere. Ela cancela os próximos compromissos, o que lhe dá muito tempo para refletir. Se não é um problema físico, então o que é? Seria uma condição somática? Estariam as cordas vocais reagindo à dor de ter o poder da voz retirado de si na Argentina?

Agora que foi forçada a desacelerar um pouco, ela presta mais atenção em sua voz interior. Ela entende que ficou doente porque tem evitado lidar com suas memórias dolorosas. A negação tem sido um mecanismo de defesa que a protege de enfrentar a dor.

"Foi um problema psicológico, um problema de moral. Não foi a minha garganta nem nada físico. Quando se está no exílio, você leva a sua mala, mas há coisas que não cabem nela. Há coisas em sua mente, como cores e cheiros e comportamentos de infância, e há também a dor e a morte que você presenciou. Não se deve negar essas coisas porque fazer isso pode deixá-lo doente."[11]

Em uma entrevista para a gravação de *Cantora*, em 2009, ela contou que seu médico explicou anos depois que ela tinha sofrido de depressão mascarada,[3] uma condição em que os sintomas físicos da depressão estão presentes, mas os psicológicos não.

DURANTE O exílio, ela também é obrigada a lidar com seu medo de palco. Embora já não fique parada como um poste na frente do público, como fazia no começo da carreira, ela prefere cantar de olhos fechados. É a sua forma de lidar com a situação. "Minha timidez é tão grande que literalmente tenho dores de estômago por ter que subir ao palco e fingir que tenho confiança, o que não tenho",[4] ela revela.

Muitas vezes, ela se apresenta para públicos que não falam espanhol. Para ganhar sua atenção e manter contato, ela precisa olhar para eles, o que a força a mudar seu estilo de apresentação. Ao invés de deixar que o medo limite sua carreira, ela sai da zona de conforto e treina olhar diretamente para a plateia, apesar do que a insegurança sussurra em seu ouvido. Interagir com o público ao invés de excluí-lo faz dela uma artista muito mais poderosa.

O tempo na Europa lhe dá a oportunidade de ampliar seus horizontes musicais e expandir sua carreira. Em 1988, ela conta, em uma entrevista com Larry Rohter no *The New York Times*, como o exílio se tornou um marco em sua carreira. "Distanciar-me da minha terra natal e ser arrancada das minhas raízes fez com que meu repertório se tornasse forçosamente mais internacional. Antes, eu estava sempre amarrada aos nossos ritmos e nossas canções. Eu não seria capaz de fazer as coisas que estou fazendo agora, gravando com bandas de jazz e orquestras, se não tivesse trilhado um caminho fora da Argentina. Por mais amarga que tenha sido minha experiência no exílio, ela me fez crescer e amadurecer como artista, porque abriu novos horizontes."[11]

Convites chegam de toda a Europa e o público fica fascinado com a pequena mulher de voz marcante e personalidade encantadora. Ela costuma se apresentar vestindo seu poncho preto e vermelho, que ressalta a identificação com suas raízes indígenas. Traz consigo o tradicional tambor argentino, *la bombo*, feito de madeira e pele de carneiro, o qual ela toca energeticamente. Ela gosta de usar o *bombo* porque tem o som de crescentes batidas do coração, o que é importante para sua música.

"Gracias a la vida" e "Solo le pido a Dios" são parte permanente de seu repertório durante o exílio, e ela recebe as mais altas ovações onde quer que as cante. A última é um hino mundial pela paz, escrito em 1978 pelo aclamado compositor León Gieco. Mercedes quer que León veja o impacto que sua canção tem nas pessoas e decide telefoná-lo. León se lembra dela dizendo: "Oi, querido. Estou em Frankfurt. Pegue um avião amanhã e venha".[3]

León consegue aparecer em seu próximo show. Mercedes o arrasta para cima do palco, onde ele toca violão e gaita, cantando junto com ela. O público explode em aplausos. Por um breve momento, na companhia de León, Mercedes não se sente sozinha.

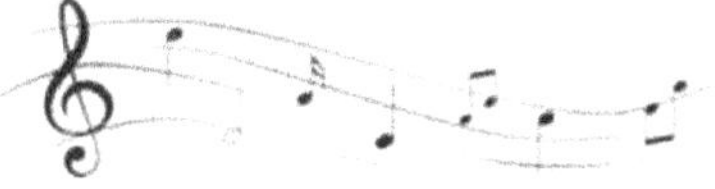

EM 1979, sua carreira atinge um outro patamar. Ela participa do primeiro show da Anistia Internacional, em Londres, e recebe um convite para se apresentar no Royal Festival Hall. Vinte anos mais tarde ela estaria neste mesmo palco enquanto o ditador chileno, general Augusto Pinochet, sob prisão domiciliar em Londres, era sentenciado por seus crimes contra o povo chileno. Aquele foi um dos momentos mais emocionantes da vida de Mercedes, quando naquele palco, em outubro de 1999, ela grita à plateia com uma voz trêmula: "Eu não posso acreditar que estou em Londres, cantando essas músicas com Pinochet em prisão domiciliar".[21] Ela então prossegue e canta a versão mais comovente que já houve de "Todo cambia" (Tudo muda).

Durante os três anos que passa no exílio, Mercedes se torna uma das cantoras internacionais mais estimadas do mundo, já que viaja frequentemente para fora da Europa. Ela recebe convites de Israel, Canadá, Colômbia e Brasil. Tanto a Colômbia quanto o Brasil oferecem a ela cidadania permanente, mas seu amor pela Argentina a impede de aceitar. Sempre que está em um aeroporto e vê um avião da Aerolíneas, a companhia aérea argentina, ela precisa desviar o olhar para conter as lágrimas.[7] Lembrar de casa "a faz sangrar um vulcão", como diz a metáfora na canção "País".

O amor pelo seu país de origem aumenta substancialmente durante a separação. Como Mercedes diria sobre a música "Serenata para la tierra de uno" (Serenata para a terra de alguém): "Eu me emocionei profundamente com a canção 'Serenata para la tierra de uno' porque ela expressa em palavras a dor de estar longe de casa. Eu tive que deixar o meu país. Mas quanto mais longe de casa se está, mais perto ela fica do coração".[22]

Ela usa constantemente sua nova plataforma europeia, os shows e todas as respectivas entrevistas, para chamar atenção para as violações dos direitos humanos em várias partes da América Latina. Sua luta contra a tirania e a opressão não acabou.

Depois de três anos no exílio, ela se sente desesperada e não aguenta mais esperar para voltar. Assim, ela decide retornar para a Argentina, mesmo que o regime ainda esteja no poder e que ela não tenha nenhuma garantia de que vão deixá-la entrar. Seu coração bate acelerado e seus olhos sofrem ao conter as lágrimas quando embarca no avião com destino a Buenos Aires, em fevereiro de 1982. Mas ela continua esperançosa e está ansiosa para ver a família e os amigos. Quando o avião decola, lágrimas silenciosas libertam anos de saudade reprimida.

Mercedes mal consegue dormir durante a longa viagem. Impressões sobre os últimos três anos surgem sem parar enquanto pensamentos fervilham em sua cabeça. Ela se lembra de todos os diferentes aeroportos em que já esteve. Pensa nas novas amizades que fez e sobre como todas as mudanças inesperadas em sua vida fizeram-na evoluir, exigindo que ela se desenvolvesse não só como artista, mas também como pessoa. Com relutância, ela admite que o exílio, por mais difícil que tenha sido, foi na verdade um presente disfarçado. Esse pensamento a acalma por algum tempo, mas quando o avião se prepara para pousar, ela começa a recear o que vai acontecer quando sair. Para onde vai se não a deixarem entrar no país? E seus conterrâneos, ainda se lembrarão dela? Sua música continuou proibida durante o período em que esteve longe.

Ela se sente em casa assim que pisa fora do avião, e sente a brisa quente do verão tocando sua pele. Ela caminha lentamente até o controle de passaporte. O policial na cabine a reconhece imediatamente e se demora observando seu passaporte e todos os carimbos europeus contidos nele. Ele fita-a com um ar arrogante e diz que ela não tem permissão para entrar no país. Estando tão perto de casa, Mercedes decide se impor. Ela junta toda a dignidade e autoridade que consegue e responde: "Eu sou uma cidadã deste país e tenho o direito de entrar".[3] O oficial, parecendo despreparado para a confiança com a qual ela fala, simplesmente carimba o passaporte e a deixa passar. Mercedes sabe que não vai demorar até que a notícia sobre a sua volta chegue ao regime e que eles a coloquem novamente sob vigilância, mas tudo o que consegue pensar agora é em chegar ao desembarque. Ela só quer ver sua família outra vez.

Ao dirigir-se para fora do aeroporto, Mercedes está prestes a vivenciar uma grande surpresa. Pessoas se juntaram por todo o caminho, exibindo faixas que diziam: "Bem-vinda de volta `a sua terra, amada Negra".[23] O carro avança devagar pelas ruas, seguido por uma procissão de homens a cavalo vestindo os típicos trajes gaúchos dos *cowboys* argentinos. Quando a comitiva chega ao centro de Buenos Aires, as pessoas se aglomeram em volta do carro, que mal consegue se mover. Mercedes sorri e acena para eles através da janela fechada, enquanto fotógrafos com suas enormes lentes imortalizam o momento. A inquietude sobre se alguém ainda se lembraria dela acabou. Seu povo a recebeu como uma heroína nacional.

Mercedes sabe que com tamanha acolhida vem também uma enorme responsabilidade. Ela não pode desapontar a sua gente, eles ainda precisam dela. Os militares ainda estão no poder e a Guerra Suja não acabou. O apoio aos generais pode estar enfraquecendo, mas eles ainda estão no controle. A voz de Mercedes, emergindo do silêncio, deve ser mais forte do que nunca.

"Me expulsar foi um grande erro porque eles soltaram no mundo uma artista famosa, e na Europa a imprensa já estava contra eles. Também foi um erro me deixarem voltar enquanto ainda estavam no poder. Eles eram assim, arrogantes. Voltar foi uma forma de me tornar forte e segura outra vez."[4]

Tendo virado um símbolo da democracia na mente das pessoas, suas músicas serão mais persuasivas e poderosas do que nunca. Ela está determinada a, mais uma vez, usar sua música em nome daqueles que sofrem com a pobreza e a injustiça. Mercedes quer ganhar seu título de "A voz dos sem voz". Ela nunca mais será silenciada pelo medo:

"Se o cantor é silenciado, a vida acaba
Pois a vida em si é uma canção
Se o cantor é silenciado pelo medo
Toda a esperança, a luz e a alegria morrem"
"Si se calla el cantor", de Horacio Guarany

Mercedes e León Gieco em uma coletiva de imprensa. León Gieco também deixou a Argentina durante a Guerra Suja, quando recebeu ameaças de morte após cantar em uma manifestação contra o fechamento da Universidade de Buenos Aires. Ele estava exilado na Califórnia quando Mercedes pediu-lhe que se juntasse a ela na Alemanha.

Mercedes Sosa na província onde nasceu, Tucumán.

Mercedes Sosa e León Gieco.

Tempo depois do exílio

L OGO APÓS seu regresso, Mercedes planeja fazer treze shows em sete dias na casa de espetáculos Teatro Ópera, em Buenos Aires. Ela acredita que sua fama internacional impedirá os militares de a prejudicarem, já que eles querem evitar chamar atenção internacional. Ainda assim há riscos, se não para ela, para os fãs que comparecerem ao concerto que já está com ingressos esgotados. A polícia estará presente, Mercedes sabe. Como admitiu mais tarde: "Foi em 1982, logo depois da Guerra das Malvinas. Foi um pouco insano, mas eu planejei treze shows em sete dias. Naquela época os militares ainda estavam no poder, e todo mundo sabia o que podia acontecer".[2]

Em 17 de fevereiro, um dia antes de voltar aos palcos argentinos pela primeira vez em três anos, Mercedes tem um conflito interno. Algo que há tempos tinha deixado em segundo plano reaparece sempre que se olha no espelho. A pessoa que a olha de volta é uma estranha, alguém que é difícil para ela aceitar. O que aconteceu com a jovem mulher, magra e atlética que ela um dia fora? Mercedes tem escondido seu peso dela mesma e dos outros usando os ponchos, mas isso não será mais suficiente, e ela está apreensiva com a reação do público. Ela sabe o que atrai as pessoas: você deve ser loira, alta, ter olhos azuis e definitivamente não ter traços indígenas. Mercedes é o extremo oposto. Ela é pequena, morena, está acima do peso "ideal" e tem fortes características indígenas. Sua habitual autoconfiança é substituída por um sentimento temporário de inferioridade, e ela se sente insegura com o modo como a audiência vai reagir. Ela admite a si mesma que é um grande paradoxo por um lado estar pronta para colocar a vida em risco lutando contra o regime e por outro preocupar-se com o que as pessoas pensarão de sua aparência. Isso recorda-a que, apesar de ser admirada e um modelo para muitos, ela é tão humana quanto qualquer outra pessoa, e não deve exigir que seja infalível. "Eu sou um monte de coisas sagradas misturadas com coisas humanas. Como posso explicar — Coisas mundanas."

A questão do peso a acompanha pelo resto da vida, mas a ansiedade sobre a reação do público se extingue rapidamente. Momentos antes de entrar no auditório, em 18 de fevereiro de 1982, o clima é de muita empolgação. As pessoas vibram, gritam e aplaudem antes mesmo de ela chegar ao microfone. Serenamente, ela se posiciona em frente à multidão, fecha os olhos, respira profundamente e absorve o momento. Por quase um minuto permanece em um silêncio reflexivo, quebrado pelas primeiras notas da simbólica canção "Como la cigarra" (Como a cigarra). Em alto e bom som, ela anuncia que está de volta; ainda de pé e ainda cantando.

A plateia está extasiada. Após as primeiras extraordinárias estrofes, fica claro que estão diante de um gênio da música. Com uma suave voz de contralto — sonora, envolvente, carregada de emoções e apaixonada — ela lança um feitiço sobre seu público. Ela agora é sem dúvidas uma artista mais vigorosa do que costumava ser. Se a reação do público demonstra o desejo de mudança do povo, os generais têm todas as razões para estremecer. Mercedes parece capaz de começar uma revolução usando somente a sua voz. Ela planta sementes de liberdade e justiça na mente de seus espectadores, não só com suas músicas, mas também por seu exemplo de coragem. Todas as dores e medos sufocados por viver sob a repressão encontram voz quando ela canta. Como ela disse: "Em minha voz não canta nem você nem eu, mas a América Latina".[24]

Em um dos treze shows, Mercedes decide cantar "La carta", de Violeta Parra, uma canção proibida que descreve as condições das pessoas no Chile. Assim que começa, vários policiais se levantam e a ordenam que pare, em meio aos gritos dos presentes na plateia. A polícia alerta que mandará todos de volta para casa se ela cantar aquela música novamente. Em seguida, Fabián e os organizadores do show aproximam-se dela, com os rostos pálidos de preocupação, e imploram para que ela retire a música do repertório.[2]

Os melhores momentos dos treze shows são gravados e publicados sob o título *Live in Argentina*, e centenas de milhares de cópias são vendidas. Uma crítica no Esquire descreve o álbum da seguinte maneira:

"Sua voz é um golpe quase mortal. É suave, profunda e envolvente. E emociona, como emocionou aos milhares de admiradores compatriotas que puderam ser ouvidos explodindo em aplausos".

Quando termina, Mercedes é forçada pelos generais a retornar para a Espanha, onde ainda tem sua casa, mas até o meio do ano ela volta de forma definitiva para a América Latina e apresenta seu novo álbum, *Gente humilde*.

DURANTE OS primeiros cinco anos de ditadura, a classe operária esteve adormecida, mas o retorno de Mercedes para a Argentina aumenta sua esperança de que a democracia ainda seja possível. Em abril de 1982, dois meses após sua turnê, o país passa por uma devastadora crise econômica que desperta a resistência civil contra os militares. Os generais decidem demonstrar seu poder reivindicando soberania sobre as Ilhas Malvinas, governadas pela Grã-Bretanha há cento e cinquenta anos. Invadindo as ilhas, eles esperam desviar o foco da crise econômica e pretendem recuperar o apoio do povo ao vencer a disputa. As primeiras tropas argentinas chegam nas Malvinas em 2 de abril de 1982, após o fracasso nas negociações entre Grã-Bretanha e Argentina sobre o domínio das ilhas. Acaba por ser uma decisão fatal. Margaret Thatcher também precisa ganhar uma guerra e revida de uma forma que os generais não esperavam. Além disso, eles não recebem o apoio de Ronald Reagan que tinham previsto. Pelo contrário, Reagan impõe sanções econômicas à Argentina e equipa os britânicos com toda a tecnologia que precisam para traçar os movimentos das tropas argentinas.[24] Em 14 de julho, os argentinos se rendem, e no dia seguinte, a guerra está oficialmente terminada.

A derrota inesperada na guerra é o último suspiro do regime. A essa altura, a verdade sobre seu envolvimento nos sequestros e desaparecimentos já foi revelada. Muitas pessoas tomaram coragem para expor suas trágicas histórias, gerando ondas de protestos da população civil contra o governo. Em outubro de 1982, grupos de direitos humanos organizam uma marcha nacional pela vida. Mais de dez mil pessoas aparecem, apesar da proibição do governo. Em abril de 1983, prevendo sua derrocada, a junta publica um documento no qual defende seus atos na guerra contra rebeldes e terroristas. É um documento que distorce sete anos de história e provoca revolta nacional e internacional. Em julho de 1983, ocorre outra manifestação, dessa vez com mais de cinquenta mil pessoas presentes.

O REGIME MILITAR argentino será em breve transferido para a lata do lixo da história. Cinquenta mil pessoas estão reunidas no estádio Ferro Carril del Oeste, em Buenos Aires, para celebrar a chegada da democracia. Mercedes está animada. Triunfantemente, ela conquista o palco com uma presença imponente que cativa a plateia. É uma noite quente de verão. Homens despem suas camisetas e usam-nas como faixas, rapazes dançam com crianças e namoradas em seus ombros. O público irradia euforia. Eles pulam e dançam e aplaudem com os braços jogados para o alto. Mercedes nunca havia se apresentado para uma audiência tão grande, e sente que este show entrará para a história. Antes de abrir a boca para cantar, ela permanece algum tempo parada, admirando carinhosamente seu público enquanto é aclamada por ele. Uma brisa morna e leve brinca com seus cabelos, e ela percebe que o pesadelo acabou. Ela então começa com "Guitarra enlunarada", e como num eco a multidão brada de volta gritando: "*Libertad, libertad, libertad!*"[25] (Liberdade).

Logo após a primeira música ela apresenta sua banda de quatro integrantes, os mesmos músicos que a acompanhavam antes do exílio, e que se tornaram como uma família para ela: Nicolás Brizuela no violão, Gustavo Spatocco nos teclados, Rubén Lobo na percussão e Carlos Genoni no baixo — todos agora são também artistas renomados.

Mercedes expandiu seu repertório para incluir alguns rocks, e uma das maiores surpresas que fez para seu público foi convidar Charly García, a maior estrela do rock de língua espanhola. Ele entra no palco por uma passagem lateral e passa pela banda ao caminhar em direção a Mercedes, que estende os braços para abraçá-lo. Depois de beijos e abraços, ele senta-se ao piano e começa a tocar a canção "Inconsciente colectivo" (Inconsciente coletivo). Charly é um gênio da música que começou a compor ao piano com apenas três anos de idade. Aos doze, ele já era um professor de música formado. Durante a ditadura, ele ficou conhecido ao escapar da censura por um triz, escrevendo letras ambíguas e evitando assim que suas músicas fossem proibidas. Os versos de "Encuentro con el diablo" (Encontro com o diabo), por exemplo, refere-se ao ministro de segurança Albano Harguindeguy, que ordenou a todos os artistas contrários ao regime que deixassem o país ou abandonassem o criticismo sobre as condições políticas.

O show atinge seu ápice quando Mercedes começa a cantar "Todo cambia" (Tudo muda). Ela segura o microfone na direção do público, que canta junto a cada refrão, "Cambia todo cambia". Tudo muda, menos o amor pelo próprio país:

"O que mudou ontem
Terá que mudar amanhã
Assim como eu mudo
Nesta terra tão longínqua
Mas não muda meu amor
Por mais longe que eu me encontre
Nem a recordação nem a dor
De meu povo e de minha gente"
"Todo cambia", de Julio Numhauser Navarro

A emocionante canção tem seu apogeu quando Mercedes tira a comprida echarpe e começa a dançar, balançando-a sobre sua cabeça. Ela move-se pelo palco com agilidade e graça, e seu rosto irradia quando olha em direção ao público. É certamente uma pessoa muito mais descontraída desde que voltou do exílio. Ela está extraordinariamente expressiva e interpreta as canções com gestos vibrantes — até sua voz mudou, se tornando mais grave e intensa quando sussurra uma canção de amor e mais energética quando chama para a luta. Mercedes descreve sua mudança e o que a causou:

"Minhas músicas costumavam ser muito introvertidas. Agora a canção brota de mim. Quando um artista encontra resistência, seu poder aumenta, e o que o artista faz? Ele cresce. A música deve evoluir, e o artista também".[2]

Durante todo o show, ela é como um vulcão, derramando sobre as pessoas um amor que é constantemente devolvido. Um homem na primeira fileira joga sua boina suada para o palco. Ela a agarra, segura em suas mãos e beija-a gentilmente antes de devolvê-la. Outra pessoa entrega a ela uma rosa vermelha de caule longo, que com um olhar de admiração ela recebe dizendo: "Gracias". Toda essa comunicação entre Mercedes e o público acontece enquanto ela canta. Sua personalidade altruísta é notável, e é surpreendente a quantidade de abraços que ela dá enquanto está no palco. Quando há participação de outros artistas, ela levanta e estende os braços para recebê-los assim que os vê. Sendo mais baixa do que a maioria deles, ela costuma inclinar-se em direção ao colega ao lado, envolvendo carinhosamente o braço em suas costas quando cantam em dueto. Os músicos também ganham afagos na cabeça ou nos ombros quando ela se move por entre eles. Durante todo o show, fica nítido que ela "canta para as pessoas porque as ama", como sempre afirma.[25]

Simbolicamente, ela termina com a música que outrora a fez ir presa, "Cuando tenga la tierra" (Quando eu tiver a terra). Desta vez ninguém vai pará-la. Ela anda de um lado a outro de forma rápida e determinada, e com o braço esticado e o punho cerrado grita: "Campesino!" (Camponês). Alguém atira a bandeira da Argentina e Mercedes a apanha com determinação, sacudindo-a sobre a cabeça enquanto o público festeja.

O concerto marca a transição para a democracia. Nele foram gravados um disco e um filme, lançados no fim de 1983 sob o nome *Como un pájaro libre* (Como um pássaro livre).

AS PRIMEIRAS eleições democráticas após a queda da junta militar são vencidas por Raúl Alfonsin, do Partido Radical, com cinquenta e um por cento dos votos. Alfonsin há muito tempo faz oposição a Juan Domingo Perón e à ditadura militar, e em sua campanha eleitoral prometeu não violar os direitos humanos. Também prometeu revogar a Lei de Pacificação Nacional, criada pela junta militar com o intuito de dar anistia aos membros do Exército pelos crimes cometidos. Mercedes não acha que a democracia esteja garantida, e está ávida para apoiá-la, por isso oferece a Raúl Alfonsin todo o seu suporte e apoia-o com sua presença em eventos públicos. "Não me envolver no que está acontecendo seria uma traição a tudo o que acredito e represento. Temos uma democracia agora, ainda frágil e sofrida, mas que felizmente existe. E todos nós, quer sejamos artistas ou militares, devemos colaborar se quisermos mantê-la em pé e caminhando",[25] ela diz.

Em 10 de dezembro de 1983, Alfonsin toma posse como novo presidente, e a primeira coisa que faz é anular as leis de pacificação, tal como havia prometido. Ele instaura a Comissão Nacional sobre o Desaparecimento de Pessoas (CONADEP) para investigar todos os casos de argentinos desaparecidos e indiciar os culpados. Nove meses depois, a comissão publica um relatório de cinquenta mil páginas baseado nas declarações das testemunhas. O relatório, chamado *Nunca Más* (Nunca Mais), vende duzentos mil exemplares em poucas semanas. Estima-se que aproximadamente nove mil pessoas desapareceram, mas é mais provável que o número real seja algo em torno de trinta mil, já que muitos sequestros nunca chegaram a ser registrados.[17]

Alfonsin encaminha nove oficiais da mais alta hierarquia das três últimas juntas para um tribunal militar. É um grande erro. O julgamento transforma-se numa farsa, já que a corte militar não quer emitir a própria sentença. Como consequência, em abril de 1985 os acusados são apresentados em um tribunal civil e dessa vez são condenados por 711 crimes de assassinato, detenção ilegal, tortura, estupro e roubo. Cinco dos nove generais são sentenciados à prisão, com penas que variam de quatro anos e meio à prisão perpétua. O veredito leva a um aumento de tensão entre o governo e os militares, e membros do CONADEP são expostos a ameaças de bomba em suas casas e escritórios, feitas por simpatizantes da ditadura.[17]

Visando frear as ameaças dos militares, Alfonsim implementa uma lei em 24 de dezembro de 1986 chamada *Punto Final* (Ponto Final). A lei dá aos promotores sessenta dias para fazerem suas acusações, depois desse prazo, o caso é considerado encerrado e ninguém pode apresentar mais nenhuma queixa ao tribunal. Centenas de oficiais são levados a julgamento durante este período, e as ameaças dos militares contra o governo aumentam. As pessoas ocupam as ruas em manifestações a favor do governo democraticamente eleito. Mas alguns anos depois, Alfonsin é obrigado a deixar o cargo devido a problemas econômicos e hiperinflação. O caminho se abre para o peronista Carlos Menem, que ganha a eleição seguinte, em maio de 1989, com quarenta e sete por cento dos votos. Em sua campanha eleitoral ele promete melhorar as condições de vida da classe trabalhadora, mas durante o mandato faz o exato oposto, cortando o plano de ajuda aos pobres. Ele também concede anistia a muitos dos criminosos condenados que foram detidos na gestão de Raúl Alfonsin. Até mesmo Isabel Perón foi solta e absolvida. Ela esteve em prisão domiciliar por cinco anos pelos desaparecimentos forçados e crimes relacionados com a emissão do decreto de 6 de outubro de 1975, que ordenava as forças armadas a "aniquilar elementos subversivos" durante seu mandato presidencial.

O povo argentino se sente novamente abusado. Querem que a verdade sobre a ditadura seja revelada, mas em vez disso, agressões, ameaças e perseguições a jornalistas críticos se intensificam durante o mandato de Menem. Em 11 de novembro de 1993, desaparece o primeiro jornalista na nova democracia, Mario Bonino, enquanto distribuía panfletos informando ao público sobre os ataques aos jornalistas. Seu corpo é encontrado em um rio alguns dias depois, mas ninguém é apontado como responsável. Enquanto milhares de argentinos se juntam em protesto na Plaza de Mayo, Mercedes mostra seu apoio ao subir no palco para cantar "Honrar la vida" (Honrar a vida).

AS AVÓS da Praça de Maio continuam a busca por seus netos desaparecidos após o fim da Guerra Suja. Quando o CONADEP, em 1983, ordena a escavação de centenas de valas comuns, elas reagem ao modo nada profissional como os cientistas argentinos desempenham a função. Os ossos são empilhados de forma aleatória ao lado das covas abertas, tornando impossível a realização de testes genéticos para identificação. Elas rapidamente marcam uma reunião com o CONADEP, onde apelam que eles colaborem com a delegação de cientistas forenses enviada pela Associação Americana para o Avanço da Ciência (AAAS) para auxiliar nas exumações.

Em 1986, elas se encontram com o presidente Alfonsin, que concorda em criar um banco de dados genético para ser usado pelos familiares de crianças desaparecidas até 2050. Paralelamente, ele implementa uma nova lei implicando que pais adotivos que se recusem a fazer os testes serão considerados cúmplices nos sequestros. Pela primeira vez na história, a ciência forense é usada para causas humanitárias. Com base nos testes de DNA dos avós, crianças desaparecidas podem ter uma evidência empírica e rastrear suas verdadeiras famílias com 99,9 por cento de certeza.

A maioria das avós são simples donas de casa que raramente saem à rua sem os maridos. Mas através das suas perdas pessoais elas se transformaram, estabeleceram o Banco Nacional de Dados Genéticos e influenciaram a legislação internacional de adoção ao ajudarem a definir o conteúdo da Convenção das Nações Unidas sobre o Direito da Criança, que é reconhecido por 191 países. Isso dá às crianças adotivas o direito de saberem que o são e de terem livre acesso aos seus históricos quando completam dezoito anos. As Avós da Praça de Maio possibilitaram que crianças adotadas em todo o mundo conheçam suas raízes e suas verdadeiras identidades.[17] Até dezembro de 2017, cento e vinte e sete crianças raptadas pela junta reencontraram suas famílias.[26]

Mercedes respeita o trabalho das avós e continua a apoiá-las. Ela entende a importância de conhecer a própria origem e a própria história.[28] Além disso, as conquistas das avós confirmam sua convicção de que "É importante reagir a este mundo, fazer dele um lugar melhor para todos, e não deixar isso nas mãos dos outros ou dos políticos. Acho que é um erro enorme acreditar que as grandes mudanças devem vir de partidos políticos. Não, elas devem vir de cada um de nós".

Em 1991, Mercedes faz um show no Estádio Ferro Carril del Oeste em homenagem às Avós da Praça de Maio.[28]

MERCEDES GANHOU muito dinheiro ao longo dos anos, e nunca mais enfrentará a pobreza que vivenciou na infância ou quando era uma jovem artista. Pelo resto de sua vida, nunca mais lhe faltará nada, nem a ela nem a sua família. Ela tem meios para comprar uma casa luxuosa, mas prefere morar em seu amplo apartamento na *Avenida 9 de Julio*, em frente ao magnífico edifício da Embaixada da França, no centro de Buenos Aires. Há pouca pretensão em seu estilo de vida; ficar rica não a torna superficial. "Não me interessa ter um avião ou uma piscina. Eu só quero viver em paz",[28] ela diz.

Sua visão sobre a desigualdade social também não muda. Ela ainda defende que todos devem ter um lar com uma cama para dormir e um emprego para se sustentar. "Eu tenho o sonho de que todas as pessoas devem ter comida para comer, roupas para vestir e uma casa para viver. Esse sofrimento tem que acabar para que o trabalhador tenha orgulho do seu esforço e orgulho de ser um trabalhador. O modo mais solidário de ajudar aos pobres é dando a eles um emprego para que possam se sustentar", ela diz.[2] Com seus ganhos, ela ajuda imigrantes do Peru, da Bolívia e do Paraguai que vivem ilegalmente em uma região de Buenos Aires chamada Bajo Flores. Ela doa dinheiro para um novo transmissor para sua pequena estação de rádio, que comunica diretamente aos imigrantes, e também apoia a cozinha comunitária. Ela fornece roupas e máquinas de costura a algumas mulheres do Bajo Flores e investe em uma fábrica de ravióli.[2] Sua abordagem prática é recompensada. Em 1992, ela é declarada cidadã de honra em Buenos Aires por seu engajamento social.[13]

ASSIM COMO sua empatia pelos pobres não mudou, a afeição pelo povo indígena também não. Embora receba convites para se apresentar nos lugares mais prestigiados do mundo, há uma voz dentro dela que a recorda de suas raízes indígenas. Ela quer aproximar-se dos nativos que talvez não saibam quem ela é ou não tenham condições de assistir aos seus concertos. Ela sente que enquanto não fizer essa conexão, algo importante estará faltando.

Certa vez, ao ser entrevistada por um jornalista, ele diz-lhe que esteve em contato com alguns argentinos nativos e perguntou a eles se conheciam Mercedes Sosa. Eles responderam: "Nós nunca encontramos Mercedes Sosa, mas conhecemos suas músicas e sabemos que ela é uma de nós".[2] Essa resposta a deixa orgulhosa, motivando-a a fazer uma turnê pelas áreas remotas da Argentina e a se apresentar de graça para estar em contato com os nativos.

O tour leva-a primeiro para a Bolívia, depois para La Quiaca e Jujuy, no noroeste da Argentina, trezentos quilômetros ao norte de sua cidade natal, San Miguel de Tucumán.[27] Nessa parte do país, a maioria das pessoas já a conhece, e ela é acolhida de forma especialmente calorosa. Em um posto de gasolina nos arredores da cidade, um grupo de crianças reconhece o ônibus da turnê e corre em sua direção. Olhando para Mercedes, eles atiram os braços sobre ela e a beijam. "Eu sou muito agradecida pelo amor das pessoas. Mesmo as crianças, que não entendem sobre o que eu canto, me adoram",[25] ela comenta ao pensar sobre a experiência.

Às vezes, eles param em algum vilarejo pelo caminho para descansar, conhecer pessoas e dar uma volta. Mercedes sente-se em casa ao andar pelas vielas estreitas entre casas simples caiadas de branco. Vestindo seu poncho e com o cabelo preso em rabo de cavalo, ela confunde-se com os locais. Alguns adultos aproximam-se para cumprimentá-la e beijá-la. Crianças tímidas, de bochechas rosadas e cabelos despenteados, seguem-na curiosamente aonde quer que vá. De vez em quando, ela senta-se espontaneamente em um degrau de pedra e, tocando seu bumbo, canta para eles a cantiga "Duerme negrito" (Dorme negrito).[25]

Dirigindo do Norte da Argentina até a Patagônia, eles viajam mais de quatro mil quilômetros até chegar à cidade mais ao sul do mundo, Ushuaia. É nessa fria e ventosa localização subpolar que ela termina a turnê, entretendo e fazendo amizade com os fueguinos, o povo nativo da *Tierra del Fuego*. Eles vivem na mais extrema condição de pobreza que ela vira durante todo o tour. Novamente, são as crianças que atraem a atenção de Mercedes. Ao ver como eles inventam os próprios brinquedos e usam caixas velhas como trenós para descer as montanhas, lembra-se da própria infância e de como costumava se divertir no parque com seus brinquedos caseiros. Mercedes sabe que muitas dessas crianças nunca terão a chance de sair da pobreza, e isso deixa-a ainda mais determinada a fazer a diferença na vida das crianças da América Latina.

Em 1999, quando a UNICEF lhe dá a oportunidade de tornar-se Embaixadora da Boa Vontade pelas crianças da América Latina e do Caribe, ela aceita prontamente. Sem hesitação, Mercedes dedica-se à tarefa pelo resto da vida. Quando perguntada em uma entrevista sobre qual conquista em sua vida deixou-a mais orgulhosa, ela responde: "Ter me tornado embaixadora da UNICEF em defesa das crianças da América Latina e do Caribe. Uma infância sofrida gera homens e mulheres desesperados".[6]

AGORA, AOS cinquenta anos, ela espera que possa passar algo positivo para as novas gerações, especialmente os jovens artistas. "Eu tenho muito respeito pelos jovens, por aqueles que desde sempre questionam e desafiam as coisas. Quero deixar a eles uma mensagem muito importante, a de que eles têm importância para o mundo",[11] ela diz. "A ditadura militar em meu país paralisou as pessoas. Hoje uma nova geração está surgindo, repleta de jovens compositores experimentando a paixão de sua liberdade."[15]

Uma das coisas que Mercedes faz para encorajar a nova geração é levá-los a alguns dos maiores festivais de música que acontecem todos os anos em diferentes países da América Latina. O maior deles é o festival de Cosquín, na província de Córdoba, que acontece no fim de janeiro e dura nove dias. Foi aqui que, em 1965, Mercedes teve sua grande estreia e, à exceção dos anos de exílio, participa de todas as edições desde então. Assim como naquela época foi apresentada por Jorge Cafrune, ela agora se empenha em promover a nova geração de artistas, e convida muitos dos que são menos conhecidos para cantar com ela no palco. Vários deles têm sua grande revelação quando Mercedes coloca-os na ribalta e usa seu prestígio para apresentá-los a novos públicos. Ela nunca teme compartilhar sua fama e acha que muitos desses artistas cantam bem melhor do que ela. Os jovens artistas, por sua vez, admiramna. Ela se torna uma espécie de madrinha, que presta atenção no trabalho deles e lhes dá a sua aprovação.

Um dos artistas que ela sempre convida ao palco é o cantor e compositor argentino Víctor Heredia. "Mercedes me obrigou a cantar em todos os shows, e forçou as pessoas a me ouvirem. Eu sempre a chamo de mamãe porque ela é minha segunda mãe",[3] revela Heredia sobre a ocasião de sua grande revelação. Ele escreveu a canção "Todavía cantamos" (Ainda cantamos), que após a queda do regime se tornou parte integrante do repertório de Mercedes.

"Ainda cantamos, ainda pedimos
Ainda sonhamos, ainda esperamos
Apesar dos golpes em nossas vidas
Provocados pelo engenhoso ódio
Deixando esquecidos nossos entes queridos"

Conviver com os jovens e ouvir sua música a mantém atualizada e informada sobre outros gêneros além do seu. Ao invés de manter-se na zona de conforto, ela tem a coragem de cruzar barreiras estilísticas e incluir em seu repertório influências do tango argentino, da nova trova cubana, da bossa nova brasileira, do jazz e do rock. "Minha carreira tem sido uma constante busca, não por aplausos, mas uma jornada musical pessoal envolvendo mudanças e riscos. Eu não abandonei a música folclórica, porém comecei a cantar algumas das composições em português com influências do jazz de Milton Nascimento, Chico Buarque e outros mestres da música popular brasileira. Eu ainda estou experimentando, pesquisando. Eu não me sinto velha; sou uma artista que está constantemente mudando seu repertório",[28] diz ela.

Assim como constrói uma ponte entre as gerações, ela também usa sua fama para construir pontes entre gêneros musicais que costumavam estar distantes uns dos outros. Ela, entretanto, continua leal à música popular e às suas raízes da "Nova Canção", além de inspirar novos artistas a manter viva a música folclórica tradicional. Independente do que faça, ela nunca abdica de suas opiniões políticas e ainda canta músicas de protesto. Mas aos poucos, mais canções são adicionadas ao seu repertório, sem necessariamente ter um conteúdo político. Mais canções de amor são incluídas, como por exemplo "Tonada del viejo amor" (Canção do velho amor) e "Insensatez". Não importa o gênero que ela se proponha a cantar, sua solidariedade com as pessoas que sofrem e sua convicção de que o bem vencerá o mal é primordial para ela. "Tudo o que pensava e acreditava antes, ainda acredito. Minha opinião não mudou. Eu não poderia sequer sonhar em mudá-la",[25] ela diz. "Posso cantar sobre os problemas ocorridos durante a ditadura militar. Mas também canto sobre os problemas que acontecem agora. Eu continuo cantando sobre a pobreza e a fome, porque são questões que persistem tanto na ditadura quanto na democracia."[29]

Embora muitos dos artistas latino-americanos que ela ajuda a apresentar ao público compartilhem das mesmas paixões, ela nunca deixa que sua ideologia limite com quem irá colaborar. Muito pelo contrário — ela usa a música para criar conexões entre pessoas com diferentes ideologias e está aberta a trabalhar com qualquer um que queira trabalhar com ela. Mostrar respeito pelos outros é um dos seus principais valores. Com a autoconfiança adquirida na infância, ela mantém-se segura de si mesma e consegue facilmente abraçar a diversidade sem sentir-se ameaçada. Como ela diz: "Somos todos diferentes, e essa é a beleza da vida na Terra. Nossas diferentes cores, diferentes visões e diferentes sistemas políticos".

Seu trabalho por uma coexistência pacífica é recompensado. Em outubro de 1996 ela recebe o prêmio CIM-UNESCO, concedido pelo Conselho Internacional de Música por sua incansável defesa dos direitos humanos e por contribuir pela união e o respeito e compreensão mútuos entre as pessoas. O júri fundamenta a decisão citando sua excelente carreira e exaltando seus elevados valores morais e éticos.[13]

Um ano depois, em março de 1997, é concedido a ela o prestigioso cargo de vice-presidente do Earth Council, onde ela participa da elaboração da Carta da Terra, um modelo ético para a construção de uma sociedade global pacífica, justa, e sustentável no século XXI.[30]

EM 1987, Mercedes passa por uma experiência excepcional no Carnegie Hall.[11] Sua performance chega ao fim e ela aguarda até que o público termine de aplaudir, mas eles se levantam e continuam batendo palmas. Ela inclina-se humildemente e diz: "Gracias, muchas gracias". Os aplausos duram três minutos. Acreditando que esteja no fim, ela abre os braços em direção à plateia como se a abraçasse, enquanto diz: "Eu amo vocês. Obrigada pelo seu amor. Eu amo todos vocês. Obrigada por terem vindo".

A ovação torna-se ainda mais intensa. Seis minutos se passaram e as pessoas continuam de pé. Mercedes se emociona. Ela nunca imaginou que seria tão bem recebida fora da América Latina. Ela nunca teve como objetivo popularidade ou renome.

Estar nos Estados Unidos, recebendo uma ovação em pé como esta é algo que vai além dos seus sonhos mais loucos. Mercedes fecha os olhos e absorve o momento, sua vida passa como um filme no interior de suas pálpebras. Aqui está ela, a garotinha que sempre cantou, até mesmo no cemitério, recebendo tamanha homenagem — não só por causa de sua voz e das habilidades artísticas, mas pela vida que viveu e o preço que se dispõe a pagar por manter suas convicções e a busca por um mundo melhor para todos.

Ela sente-se humilde, reflexiva e grata. "Gracias a la vida" nunca significou tanto para ela quanto agora. Mais do que nunca, ela acredita que sua luta não é em vão.

Mercedes permanece em pé, de olhos fechados por mais alguns minutos antes de dirigir-se novamente ao público. Com lágrimas escorrendo pelo rosto ela diz: "Obrigada, meus queridos amigos. Um beijo a todos vocês. Muito obrigada". Mais de dez minutos se passaram até que ela deixasse o palco, profundamente comovida. As ovações não param até que ela tenha partido.

DURANTE O verão de 1988, Mercedes faz uma turnê pela Alemanha Ocidental, Suíça e Áustria junto com Joan Baez, dos Estados Unidos, e o cantor alemão Konstantin Wecker. É um período agradável para os três, pois eles têm uma relação próxima que abre espaço para muita diversão e espontaneidade no palco. Um dos concertos é lançado em DVD, o *Three Worlds, Three Voices, One Vision* (Três Mundos, Três Vozes, Uma Visão).[31] Os artistas cantam alternadamente e Mercedes deixa uma forte impressão em Joan Baez:

"Mercedes construiu uma reputação internacional ao colocar suas preocupações políticas e sociais junto com sua música, unindo verdadeiro talento artístico com as coisas nas quais ela acredita. Pequena e corpulenta, mas com a imponente presença de palco de uma Mãe Natureza andina e uma acolhedora mas penetrante voz de contralto, Sosa mantém um equilíbrio entre a arte e a convicção que confere à sua música sinceridade e poder abrasadores. Eu nunca vi nada como ela. Ela é monumental em estatura, uma cantora brilhante de enorme carisma que é ambos, uma voz e uma personagem. Ela pode não ter a aparência da Tina Turner, mas certamente conquista o público de cima do palco. Quando cantávamos juntos nos shows, eu chorava durante toda sua apresentação. Isso a deixava acanhada, mas uma noite eu fiquei de joelhos e beijei seus pés. Há muito tempo eu não me sentia tão comovida pela música. Quando falamos de artistas, ela é simplesmente a melhor".[11]

Em outubro desse mesmo ano, Mercedes participa de um festival de música internacional em Buenos Aires, organizado pela Anistia Internacional, onde se apresenta ao lado de artistas estrangeiros como Peter Gabriel e Sting, juntando-se a eles para cantar "They Dance Alone" (Elas dançam sozinhas). A música fala sobre as pessoas desaparecidas na Argentina, e é um tributo às Mães da Praça de Maio. Elas permanecem no palco durante todo o concerto, que é transmitido pela televisão argentina.

Bruce Springsteen também participa do festival. Ele acabara de voltar de um show em Berlim Oriental, onde estavam reunidas 300.000 pessoas, embora apenas 160.000 ingressos tenham sido colocados à venda. Na metade da apresentação, ele faz um discurso dizendo: "Eu não sou a favor ou contra nenhum governo. Eu vim para tocar *rock'n'roll* para vocês, com a esperança de que todos os muros sejam um dia derrubados". O lugar ficou em completo silêncio. As pessoas prendiam a respiração para ver como as autoridades reagiriam. Mas ao perceber que não havia nada que elas pudessem fazer, pois eles eram muitos, a multidão começa a vibrar sem hesitação.[32]

Não é o concerto ou o discurso em si que derrubam o Muro de Berlim em 9 de novembro de 1989, mas juntos eles ajudam a encorajar os cidadãos alemães a saírem às ruas e reivindicarem a liberdade. Esse exemplo confirma a Mercedes que a arte pode impactar o mundo mais do que a política. "A cultura é a revolução mais importante. Governos não duram. A cultura é a grande força",[33] ela declara, e segue em frente, usando sua arte e sua posição como plataformas para influenciar o mundo.

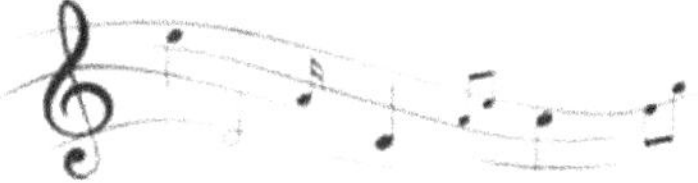

MERCEDES RECEBE frequentemente convites para ir à televisão e a *talk shows*. Em 1993, ela participa de um programa juvenil da famosa apresentadora brasileira Maria da Graça Xuxa Meneghel, mais conhecida simplesmente por Xuxa. O lugar está repleto de adolescentes entusiasmados que vibram enquanto Xuxa conduz Mercedes até o centro do estúdio. É quase Natal, então ela começa cantando "Ay Navidad" (Ah, o Natal), que faz os jovens aplaudirem incansavelmente. Em seguida, ela abraça os músicos e Xuxa, que claramente tem muito carinho por Mercedes, cujas mãos continua segurando e acariciando. Ao fundo, os adolescentes gritam: "*Olé, Olé, Olé, Olé. Negra, Negra*". Mercedes deseja a todos um feliz Natal e está de saída quando Xuxa e a plateia começam a cantar "Y dale alegría a mi corazón" (Dê alegria ao meu coração).

O estúdio parece um estádio de futebol, e a temperatura aumenta conforme a música é repetida várias e várias vezes pelos suados adolescentes que pulam e dançam com grande entusiasmo. Mercedes, já perto de seus sessenta anos, ainda é capaz de entusiasmar os jovens. Com determinação, ela agarra de volta o microfone e começa a cantar junto com eles. No meio da música ela repara em uma garotinha com síndrome de Down tentando alcançá-la. Mercedes para de cantar, se abaixa e entrega-lhe o microfone. A menina canta corajosamente enquanto Mercedes acaricia seus cabelos. Quando ela termina, Mercedes a olha com ternura, orgulho e aceitação. Depois olha para cima e sorri para a audiência, um sorriso que, sem usar palavras, diz a todos que são belos à sua própria maneira e merecem amor e aprovação.[34]

DURANTE TODA A década de 1980 e grande parte dos anos 1990, Mercedes está em constante movimento. Ela faz centenas de shows na América Latina e lança um álbum novo quase todos os anos. Quando não está viajando, o estúdio é sua segunda casa. Mas mais importante do que seus ganhos e os prêmios conquistados, é o carinho que recebe das pessoas comuns aonde quer que vá. Ela nunca almejou fama ou aplausos, sempre foi movida pelo desejo de ter uma relação genuína com as pessoas. Ela tem se esforçado para atingir este objetivo, sendo acessível e dando atenção àqueles que a abordam. "Eu tenho me empenhado para alcançar as pessoas comuns, as pessoas das favelas, e nunca consegui fazer isso. Tem sido um grande desespero para mim. Levei muitos anos para conquistar o amor e a proximidade do povo",[25] admite. Agora ela não consegue sair pela porta sem que os fãs se aproximem na esperança de serem saudados. Quando anda por alguns de seus mercados de rua favoritos, seus compatriotas reúnem-se ao redor dela pedindo-a para cantar. Às vezes ela cede e canta acompanhada pela multidão. A fama não a corrompeu. Sendo uma pessoa pé no chão, ela acaba naturalmente por conversar com seus admiradores do dia a dia. "Eu sou do povo, e continuarei sendo do povo." Por isso não gosta de ser chamada de diva. "Eu odeio essa palavra. Eu sou uma cantora folclórica",[25] ela afirma.

Em um dos poucos dias de folga, ela sai para caminhar por La Boca, o antigo porto de Buenos Aires. No trajeto é abordada, como sempre acontece, e, não tendo pressa, passa algum tempo conversando com os fãs. Um senhor de idade sai de sua casa e oferece a ela um presente — uma tigela de cerâmica com pequenas lascas. Sua camiseta está cheia de buracos e faltam-lhe alguns dentes. Ele abraça-a afetuosamente e ela corresponde, agradecendo o presente, que é provavelmente a única coisa que ele tem para dar.[25]

Chegando ao porto, ela vê pilhas de ferro-velho e antigas embarcações abandonadas que a fazem lembrar dos sete milhões de imigrantes vindos da Europa para a Argentina no final do século XIX e começo do século XX, pessoas fugindo da guerra e da fome e sonhando em começar uma vida melhor. "Esta parte de Buenos Aires sempre me tocou muito. É uma região muito especial. Quando vejo estes barcos, penso na distância percorrida por essas pessoas e no preço que tiveram que pagar para chegar aqui. Os corações dos trabalhadores também estão enferrujados, e somente a paz e a democracia podem fazer com que as coisas sejam melhores para eles", diz ela no documentário *Sera Possible el Sur?* (Será possível o Sul?).

Ela deixa o porto e caminha em direção ao coração de La Boca. Olhando ao redor, repara nas casas alegres, vibrantes e multicoloridas que circundam o porto e percebe que se parecem muito com alguns lugares em que esteve na Itália. De fato, a maior parte dos imigrantes que se estabeleceram em La Boca eram italianos. Infelizmente a maioria deles também ficou presa aqui. Poucos habitantes de La Boca conseguiram alcançar a vida que almejavam. Muitos eram agricultores que desejavam cultivar a própria terra em um novo país, mas naquela época todos os terrenos na Argentina pertenciam a grandes latifundiários, e não havia espaço para eles. Como resultado, a maioria deles ficou presa em Buenos Aires, obrigados a trabalhar no porto, nas ferrovias ou nas indústrias. La Boca é um bairro operário e as pessoas aqui ainda trabalham duro para ter uma vida digna. Refletindo sobre a identidade e a história da Argentina, Mercedes se lembra de um ditado frequentemente usado para descrever os argentinos:

"Os mexicanos vieram dos astecas, os peruanos vieram dos incas e os argentinos vieram dos barcos".

Em uma esquina, ela se depara com dois jovens rapazes usando uniformes azuis muito sujos. Em sua cabeça ela faz a conexão entre eles, que têm as mãos sujas de óleo, e a história na qual acabara de pensar. Ela se solidariza com os acanhados rapazes, que estão obviamente emocionados por encontrar seu ídolo no próprio bairro e não sabem o que fazer ou falar. Mercedes ergue os braços em sua direção. Com as mãos no rosto de um deles, ela fica parada por um momento observando-o. Os olhos dela brilham de amor, simpatia e orgulho. Como uma mãe que observa o filho com um olhar terno e afetuoso, sua expressão passa a mensagem mais importante que um ser humano pode receber. É um olhar que diz: "Eu vejo você. Aos meus olhos você é maravilhoso". Ela beija-o em ambas as faces antes de deslizar as mãos para seus ombros, onde permanecem com apreço. Ela então vira-se para o outro jovem e dá a ele a mesma atenção. Com os braços à volta dos ombros de um dos rapazes, eles caminham juntos pela rua enquanto continuam conversando.[25]

Mercedes desenvolveu uma habilidade única de ver e valorizar as pessoas por quem são. Estar tão perto delas a deixa feliz, mas ao mesmo tempo cansada por carregar o peso dos outros quase sem ter tempo para si mesma. Há alguns momentos em que ela deseja apenas ser uma pessoa comum e anônima. "Aqueles que levam uma vida privada têm de ser felizes", ela diz.

Ela conquistou a proximidade com o público que sempre desejou, mas isso tem um preço.

Mercedes Sosa com Sting.

Mercedes dando uma entrevista em seu apartamento em Buenos Aires em 7 de maio de 1999. Ela costumava usar as entrevistas como uma oportunidade para falar em nome dos latino-americanos. "As pessoas na América Latina são sofridas, são pessoas muito pobres. Elas não merecem essa pobreza. Nós somos realmente privados de muita coisa", ela costumava afirmar.

Canto superior esquerdo: Mercedes Sosa abraçada com a estrela argentina do rock, Charly Garcia, 27 de janeiro de 1997.

Canto inferior esquerdo: O tenor italiano Luciano Pavarotti caminha ao lado de Mercedes Sosa em direção ao salão do hotel antes de uma coletiva de imprensa, 20 de abril de 1999. Pavarotti e Sosa cantaram juntos pela primeira vez em um show no estádio de futebol do Boca Juniors em Buenos Aires, Argentina, em 23 de abril de 1999.

Canto superior direito: O ex-presidente argentino Raul Alfonsin em foto de arquivo tirada em 20 de junho de 2007. Alfonsin foi presidente de 1983 a 1989 e ganhou admiração internacional por submeter a julgamento e prisão os ex-líderes militares que torturaram e mataram milhares de pessoas durante a Guerra Suja.

Basta de tortura en las
NO A LA Reparación Económica
CREAMOS LA PLAZA PARA LUCHAR

Canto superior esquerdo: A estrela argentina do rock, Charly Garcia, e uma das fundadoras das Mães da Praça de Maio, Hebe de Bonafini, durante um show ao ar livre em Buenos Aires, 27 de fevereiro de 1999.

Canto inferior direito: Membros do grupo de direitos humanos Avós da Praça de Maio se reúnem do lado de fora da sede do governo argentino em 27 de junho de 1996 para sua milésima marcha semanal das quintas-feiras.

Canto superior direito: A presidente argentina Cristina Fernández de Kirchner de mãos dadas com Estela de Carlotto, presidente da organização de direitos humanos Avós da Praça de Maio, e Jorge Castro Rubel, que foi raptado quando criança. Seus pais foram vítimas da Guerra Suja argentina e ele havia acabado de descobrir sua verdadeira identidade.

Canto superior esquerdo: Durante a Rio+5, conferência sobre o meio ambiente realizada no Rio de Janeiro em 16 de março de 1997, um jornalista perguntou a Mercedes sobre a situação dos sem-terra, que ainda não havia sido solucionada. Ela respondeu: "É absurdo, simplesmente absurdo, que esse problema exista. Não só no Brasil, mas em todo o hemisfério".

Canto inferior esquerdo: Mercedes Sosa e a presidente argentina Cristina Fernández de Kirchner em 2008, em Buenos Aires.

Canto superior direito: O ex-ditador argentino Jorge Rafael Videla é levado algemado por policiais argentinos a um tribunal na periferia de Buenos Aires, 13 de julho de 2012. Videla defendeu a guerra contra seu próprio povo, dizendo: "A opressão só acontece a uma minoria, que não contamos como argentinos".

Mercedes costumava tirar sua comprida echarpe e balançá-la sobre a cabeça enquanto dançava no palco. Ela irradiava bem-estar e se conectava com o público. Ela se tornou uma pessoa muito mais extrovertida após voltar do exílio, e tinha uma enorme presença de palco.

Mercedes Sosa e Fito Páez durante a gravação do CD duplo *Cantora*, em 2009.

Mercedes Sosa canta em um show no Teatro Metropolitano da Cidade do México, 19 de outubro de 2000.

Aquarela de Gustavo Leonel Muñoz Cervio
Projecto Cultural Mercedes Sosa Por Siempre

Doença e os últimos anos

É TARDE DA NOITE. Mercedes está deitada sozinha na escuridão ouvindo o tiquetaquear do relógio enquanto se revira de um lado para outro. Ela se levanta, prepara um copo de leite quente, bebe-o e volta para a cama. Todas as impressões sobre a gravação do novo álbum com Charly García, *Alta Fidelidad* (Alta Fidelidade), viajam em sua mente como o metrô na hora do *rush*. Um pensamento se segue a outro. Como ficaram as gravações? Eles cometeram algum erro? Conseguem fazer melhor na manhã seguinte? As expectativas sobre si mesma como artista consomem toda sua energia. Ela quer que todas as gravações estejam perfeitas, pois sabe que permanecerão no mundo para sempre.[15] Isso sempre esteve entre seus maiores desafios; seu perfeccionismo é um terreno fértil para preocupações, mas também para novas ideias. Ela sabe que amanhã terá correções a fazer, e o simples fato de pensar nisso a deixa exausta.

Os pensamentos de Mercedes não só a deixam preocupada em relação ao dia seguinte como também se estendem ao passado. São tantas as memórias da vida agitada que viveu. Os anos no exílio e a morte de Pocho surgem de seu âmago com grande insistência. Às vezes, quando está rodeada de pessoas, ela deseja estar só. Contudo, quando está sozinha sente falta de ter gente por perto. Instintivamente ela sabe que, contanto que se mantenha ocupada, os pensamentos sombrios ficarão afastados. Suas memórias são como pequenas nuvens cinzentas passando pelo céu. Como ela diz: "Quando eu entro em depressão, a cor cinza preenche minha cabeça. Sou invadida. A cor cinza é séria, muito séria. É como se uma nuvem negra estivesse me dominando. Eu preciso me proteger e escapar desta cor".[3] São três horas da manhã quando ela finalmente consegue afastar as nuvens cinzentas e ir dormir. Em menos de cinco horas ela precisa se levantar e ir gravar outra vez.

Ela se sente cansada ao acordar, mas o cinza se foi. No entanto, quando a noite cai, tudo recomeça. Depois dos últimos aplausos, quando as luzes do palco se apagam e a porta do apartamento é trancada atrás de si, a cor cinza entra sorrateiramente, como um monstro pronto para devorá-la.

Em 1997, após terminar a gravação de *High Fidelity*, as nuvens cinzentas envolvem Mercedes como um pesado edredom. Durante toda a vida ela foi impulsionada por seu trabalho e seu sucesso, e agora é hora de pagar a conta por não ter ouvido os sinais do seu corpo e da sua alma. Certa manhã, ela não consegue se levantar e permanece na cama. De todos os cantos da sua mente surgem memórias reprimidas. Seu sistema está sobrecarregado por elas, tanto as boas quanto as más, e pela dor causada por essas lembranças.

A nebulosidade que a cerca transforma-se em uma grave depressão. A depressão causa complicações gástricas[20] que fazem com que ela perca a voz, exatamente como aconteceu quando estava no exílio.[19] Pensar em comida a deixa enjoada e ela para de comer e beber, apesar das muitas tentativas de Fabián para que o faça. Durante cinco semanas ela consome apenas quatro uvas por dia, e perde trinta quilos em cinco meses. Ela fica tão fraca e desidratada que precisa de ajuda para sair da cama e ir ao banheiro. Algumas vezes ela fica atordoada e pensa que está em um quarto de hotel. Tudo o que ela quer é morrer, e seu médico diz-lhe que é o que acontecerá caso ela não comece a se cuidar.[4]

Ele aplica injeções e prescreve antidepressivos. Pouco a pouco, ela começa a se alimentar, mas acaba por vomitar o que quer que coma. Um dia, ela tenta sair da cama, mas consegue andar apenas dez metros antes de sofrer uma queda. Depois, quando vislumbra a si mesma no espelho do banheiro, fica apavorada com o aspecto desgastado de seu corpo.

O médico e o psiquiatra diagnosticam unanimemente sua condição como depressão severa e culpam o exílio na Europa e os anos de trabalho intenso. Mercedes concorda com eles. "Eu nunca achei que tinha problemas. Os problemas eram internos, profundamente internos", ela conclui.

Mercedes quer ser deixada só, e as únicas pessoas que vê, somente porque de fato precisa, são Fabián, o médico e Maria, uma ajudante doméstica. Às vezes ela se irrita quando eles entram no quarto, especialmente se trazem comida.

Após quase um ano na solidão, uma jovem cantora da Bolívia pergunta se pode visitá-la. Mercedes tem muito carinho por essa cantora em particular e abre uma exceção. A moça fica chocada ao entrar no quarto de Mercedes e vê-la pálida e enfraquecida em sua cama. Ela busca em sua mente para encontrar as palavras certas, e então diz à Mercedes que pedirá às "Mães Bolivianas" para enviarem-na um pássaro cantor especial que irá alegrá-la. Na manhã seguinte, Mercedes ouve o mais lindo gorjear do lado de fora de sua janela. Ela nunca tinha ouvido este pássaro antes e nunca mais o ouviu novamente depois deste dia.[4]

Mercedes cresceu dentro das normas do catolicismo e sempre respeitou as crenças dos outros, mas até então nunca havia deixado que a religião tivesse um papel ativo em sua vida pessoal. Agora, na noite escura de sua alma, sua raiva e frustrações se voltam para Deus, a quem considera responsável por toda a injustiça que enfrentou. Ao fazer isso, ela consegue aliviar uma parte de sua revolta e ressentimento, e sente que algo se eleva dentro de si. A amargura se transforma em gratidão pela vida e, ao invés que querer morrer, ela diz: "Eu passei cinco meses na cama sem conseguir andar, achando que eu nunca mais faria nada em minha vida. Agora tenho muito amor pela vida. Me alegro com ela. A vida é maravilhosa. Eu percebi que muitas vezes não damos valor à vida. Eu fiz as pazes com Deus. Quando se está doente, só você sabe o quanto sofre. A doença me trouxe para mais perto de Deus. Eu me reencontrei com Ele".[6]

Depois dessa experiência, Mercedes finalmente encontra forças internas para se levantar e voltar à vida, com a ajuda e o apoio da família e dos amigos. A cor cinza ainda está por perto, mas ela já não a teme mais. Ela aprendeu a lidar com isso e está determinada a não deixar que ela a domine novamente.

Lembrando de um show em Miami em 2007, ela diz comovida: "Sou muito grata, sabe, de que Deus tenha me dado essa segunda chance. Eu nunca acreditei em Deus, mas quando minha doença culminou, há alguns anos, eu estava tão desesperada que disse a Ele, tal como disse Cristo: 'Deus, por que você me abandonou?', porque eu me sentia desamparada. E foi um milagre, eu comecei a me curar".[20]

A DEPRESSÃO manteve-a longe dos holofotes por quase um ano. Ela agora tem sessenta e três anos e está longe de ter a energia de antes. A ideia de viajar ao redor do mundo a faz considerar se é hora de se aposentar, e ela duvida que seja possível regressar com a sua idade. Uma parte dela quer sossegar e passar mais tempo com a família; a outra quer cantar para as pessoas o máximo que puder. Ela ainda não tomou uma decisão, mas a vida indica a direção certa quando ela aparece em público pela primeira vez depois da doença, em um show de Pablo Milanés no Luna Park, em Buenos Aires. Pablo começa com a música "Años", que costumava sempre cantar com Mercedes. Espontaneamente, ele passa o microfone para ela, que está sentada na primeira fileira, e lhe pede que cante com ele. Ela o faz, pela primeira vez no que pareceu uma eternidade. Ela permanece calma, mas os amigos que sabem pelo que ela acabou de passar estão todos chorando. Um buquê de flores é entregue a ela e a plateia ao seu redor se levanta e começa a aplaudir.[4] É um momento que dá a Mercedes coragem para voltar.

O primeiro convite que ela aceita depois de sua pausa é para um concerto no Luna Park, em 1998. Mais uma vez, o receio de não atrair mais o público é dissipado. Ela superou há muito tempo seu medo de palco e a vergonha em relação ao seu peso. Agora ela se move de forma segura pelo palco, como se fosse sua segunda casa, e o transforma em uma aconchegante sala com uma grande cadeira no meio para que ela se sente. Na plateia, todos são seus convidados pessoais. Ela dá a eles plena atenção, de uma forma relaxada e bem-humorada. Ela ri muito e faz a audiência rir junto com ela. Falando com uma voz terna, ela inicia o que parece ser uma conversa particular com milhares de pessoas quando papeia espontaneamente entre as músicas. Um enorme telão sobre o palco dá ao público a vantagem de contemplar minuciosamente seus gestos e expressões.

Ela surpreende a si mesma e ao público com a energia que mantém durante toda a performance. Um jornalista depois pergunta-lhe de onde tira tanta energia. Ela responde: "Eu não faço a menor ideia. Eu me sentia muito, muito fraca".[35] Passado algum tempo, ela percebe que algo de bom lhe acontece quando canta, e conclui que ao fazê-lo, está na verdade curando-se.

Ela também recomeça a gravar. A primeira gravação depois da doença é *Misa Criolla*, uma composição musical espiritual para a qual foi convidada a participar pelo compositor argentino Ariel Ramírez. Mercedes vê como um sinal divino de que a gravação aconteça logo depois que ela fez as pazes com Deus. Ela também não acha que seja coincidência o álbum ser gravado em Israel.[6] Ela não se tornou religiosa no sentido tradicional e não acha que precise mudar seu modo de viver, mas sua recém-descoberta espiritualidade a conscientizou para uma presença divina em si. Embora nunca tenha dado importância à religião, ela também nunca cantou ou discursou contra Deus. Ela sempre respeitou outras religiões, especialmente a de sua mãe.[36] Durante toda a vida, Ema tem sido um exemplo para Mercedes quando se trata de colocar a religião em prática sendo caridosa. Amar ao próximo como a si mesmo é também para Mercedes a regra principal. Fora isso, ela não fala muito sobre sua fé ou como imagina Deus. Ela não precisa, suas ações falam mais do que palavras. E através da sua maneira de ser neste mundo, ela está profundamente ligada ao amor — talvez tão profundamente, que o amor seja seu Deus.

MERCEDES SEMPRE foi muito próxima da mãe. A proximidade é tanta que uma noite, sozinha na casa de um amigo, ela sente repentinamente a presença de alguém em pé atrás de si, com a mão em seu ombro, como a mãe costumava fazer. Mercedes vira-se, mas não há ninguém. Alguns minutos depois, ela recebe um telefonema com a notícia de que sua mãe está inconsciente. Mesmo não sendo um choque — ela já estava doente há algum tempo — isso afeta Mercedes profundamente. Em 27 de abril de 2000, Ema morre aos oitenta e nove anos de idade.[4]

Cada vez que Mercedes perde alguém que ama, sente que a dor se intensifica. Mas dessa vez ela sabe que precisa encarar isso de frente ao invés de fugir. Ela tenta encontrar o equilíbrio e se permite tempo para viver o luto sem deixar que a cor cinza a invada. Ela encontra força e conforto em seu último álbum, *Misa Criolla*, que homenageia a grande fé de sua mãe em Deus. Ela recebe seu primeiro Grammy por *Misa Criolla*, o Grammy Latino de Melhor Álbum Folclórico.

*E*MBORA ESTEJA fisicamente fragilizada pelas adversidades da vida e pelo efeito da idade, que se aproxima furtivamente, Mercedes consegue seguir em frente com a carreira. Mas ela nota que algo mudou. "Depois da depressão, em 1977, e da morte da minha mãe em 2000, eu me sinto fadada a uma espécie de sensibilidade constante", ela diz. Ela chora com mais facilidade quando está sozinha e na frente de outras pessoas. Às vezes sente-se emocionada pela gratidão de estar viva, de ser capaz de cantar para as pessoas e receber tanto amor em troca. "Eu canto para as pessoas porque as amo",[25] diz ela, e acrescenta que é o amor das pessoas que lhe dá forças.

As lutas dos outros também a comovem profundamente. Depois dos shows, ela passa algum tempo falando com as pessoas e ouvindo suas histórias, como fez após um concerto na Holanda. "Quando eu conheci Mercedes Sosa, um grande amigo meu era seu gerente de turnê. Eu me senti privilegiado em tê-la encontrado e lembro-me quão impressionado fiquei com sua graça e humildade ao receber uma extensa fila de admiradores depois de ter feito um longo concerto. Se ela estava cansada, ninguém podia notar. Ela estava completamente focada em cada história compartilhada consigo naquela noite. Impressionante!", Christel Veraart, cantor e compositor, Alasca.[37]

Certa noite, após um show em uma festividade pública em Tunyan, 140 km ao sul de Mendoza, o baixista de Mercedes, Genoni, diz a ela que encontrou um de seus fãs na recepção do Grand Hotel. O fã, Luis Plaza Ibarra, veio da Suécia com o único objetivo de ver Mercedes ao vivo, mas ele não consegue encontrar acomodação, já que todos os hotéis da cidade estão lotados. Quando Mercedes ouve isso, pede que convidem Luis para encontrá-la nos bastidores depois do show. Os seguranças o deixarão passar sem nenhum problema se disser apenas que Mercedes o convidou. Ele primeiro encontra Fabián, que diz que a mãe está muito enfraquecida e não tem certeza se conseguirá vê-lo. Entretanto, mesmo se sentindo fraca, Mercedes aparece. Estando subitamente cara a cara com ela, Luis paralisa, ele apenas segura suas mãos e diz: "Obrigado, obrigado por tudo", ao qual Mercedes responde: "Você achou um lugar para dormir hoje?". Esse encontro marca o começo de uma amizade eterna, e Luis acaba viajando em turnê com Mercedes pelos últimos oito anos da vida dela.

A cada crise que Mercedes atravessa, se torna ainda mais solidária e compreensiva. Ela se identifica com os pobres, os doentes, os divorciados, com mulheres que sofreram aborto, com pessoas que perderam seus entes queridos, com os solitários, os deprimidos e os suicidas. Suas aflições pessoais a permitem ter empatia e transmitir conforto, como um jornalista americano a presenciou fazendo com Juan Carlos Nagel, um colega, nos bastidores após um show. "Eu a vi certa vez embalando um jornalista argentino nos bastidores de um concerto na UCLA. Ela o conheceu nos anos 1970 na Argentina, antes de ele se mudar para L.A. Ele estava morrendo em decorrência da AIDS, e ambos sabiam que seria a última vez que se veriam. Ele perdeu sua compostura pública e caiu nos braços dela suplicando: 'Mamãe!'. Ela o abraçou com ternura. O resto de nós deixou a sala contendo as lágrimas. Uma vez mais fui lembrado de sua beleza, sua humanidade. Ela era uma verdadeira *pacha mama*, palavra inca para uma mulher poderosa, uma Mãe Natureza",[38] Tom Schnabel, produtor de rádio, *Rhythm Planet*.

Várias pessoas vêm simplesmente para estar na atmosfera de cura que parece tomar forma durante seus concertos. Não é incomum que algumas chorem o tempo todo. Mesmo que não falem ou não entendam uma palavra em espanhol, a mensagem é transmitida pelo jeito como Mercedes se apresenta. Sem som algum, a história ainda será contada somente através de sua expressão facial e linguagem corporal. A língua de Mercedes é a do coração; não precisa de tradução. Seu corpo, suas expressões, sua entonação, está tudo em completo acordo com a emoção que ela expressa. Seu rosto está constantemente vívido e as características sobrancelhas escuras realçam a intensidade dos exóticos olhos negros. Quando ela sorri, duas doces covinhas se formam em seu rosto, e o som do seu sorriso pode ser ouvido em sua voz.

"O rosto dela é tão inesquecível quanto a voz, igualando-se aos seus acordes em potência e presença."[39] Sandra Bertrand, Galo Magazine.

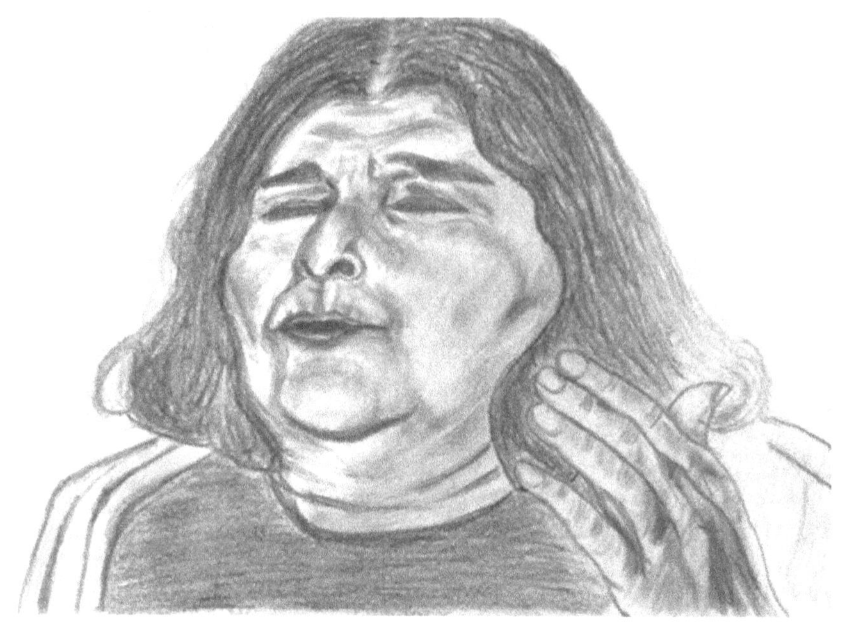

O imenso impacto que ela tem sobre todo tipo de gente fica evidente quando retorna para a região norte da Argentina após suas crises pessoais. Em março de 2001, ela faz um longo concerto ao ar livre em Santa Catalina, uma cidade mineira que fica 3.770 metros acima do nível do mar. O palco foi montado em uma ilhota num turbulento rio que o mantém separado da audiência, formada principalmente por mineiros pobres que compareceram apesar do tempo frio. De repente, na metade da apresentação, um rapaz perturbado vestido com roupas esfarrapadas pula no rio e nada até Mercedes sobre o palco. Ele tira a camiseta e entrega a ela. Em pé, com o dorso nu, ele lhe dá um aperto afetuoso, ao qual ela corresponde enquanto continua cantando.[40] O que está passando pela mente do rapaz? Ele está entorpecido ou é simplesmente um dos muitos que tem a necessidade de ser visto e aceito por quem é? Teria Mercedes se tornado uma figura de mãe para ele em sua imaginação, da mesma forma que se tornou para muitos de seus fãs? Um dos que se sentiu assim foi Ian Malinow, um correspondente de música latina e blogueiro da Costa Rica que disse: "De certa forma, Sosa era para mim como mais um membro da família. Mais do que uma cantora, em um mundo surrealista e distorcido criado por mim, ela se tornou como uma avó imaginária que viaja pelo mundo. Não me pergunte por que, mas ela parecia ter esse poder inerente sobre seus fiéis ouvintes e admiradores".[41]

O fato de alguns fãs relacionarem Mercedes a uma figura de mãe não a constrange. Ela inclusive valida esse forte sentimento deles a seu respeito. Certa noite, um jovem, Ignacio, caminha com a multidão até à entrada traseira do teatro, na esperança de cumprimentar Mercedes após o show. "Houve um tumulto e os seguranças anunciaram que Mercedes já havia saído do prédio. Eu pude ver que Fabián ainda estava lá, falando ao celular, então presumi que Mercedes também estivesse por perto. Me senti nervoso e ansioso enquanto esperava próximo ao elevador. Depois de alguns minutos eu a vi através da porta de vidro. Quando a porta se abriu, eu estendi minha mão esquerda e Mercedes a agarrou. Segurando sua pequena mão na minha, eu a acompanhei até o carro. Ela entrou no banco de trás e, de alguma forma, consegui perguntar a Fabián se eu podia falar com ela. E então algo incrível aconteceu. Mercedes fez sinal para que eu entrasse e me sentasse ao seu lado. Eu não podia acreditar. Entrei no carro, mas não sabia o que fazer ou falar. Tantos pensamentos passavam pela minha cabeça. Tudo que consegui dizer foi: 'Mercedes, posso te dar um beijo?'. Ela olhou para mim, sorriu e disse: 'Mas filho, por que você não poderia me dar um beijo?'. Eu a beijei em sua face direita. Me lembro do perfume forte que usava. Então eu saí do carro, as portas fecharam-se, Mercedes partiu e eu nunca mais fui o mesmo."

Mercedes sabe da influência que tem sobre as pessoas e se pergunta se é sua voz, seu rosto ou suas crenças que causam este profundo impacto.[4] "Eu não sou jovem nem bonita, mas tenho minha voz e a alma que nela se manifesta", conclui ela em uma entrevista em 2001.[42] Quando ela canta, tudo que há dentro de si transparece, e a audiência vislumbra sua alma. Mas não são só as expressões suaves e emotivas que ela domina, também consegue ser dramática e imponente. Ela possui uma autoridade natural que transmite quando ergue os braços, cerra os punhos ou joga a cabeça para trás em gargalhadas. Uma de suas performances mais inflamadas é na canção "Cuando tenga la tierra", que uma vez a fez ir presa. Quando a canta, ela ziguezagueia andando rapidamente pelo palco. Entre os versos, ela eleva o volume em uma proclamação que mostra a força de sua voz, capaz de começar uma revolução sem usar sequer um microfone. Certa vez, o sistema de som parou de funcionar quando ela começou a cantar. "Lembro-me de Mercedes Sosa pela interpretação de 'Los Mareados' no Concertgebouw, em Amsterdã, onde assistia à um show dela. Mercedes decidiu começar a música em pé, de costas para o público. As primeiras notas devem ter pegado o engenheiro de som de surpresa porque os alto-falantes estouraram de repente, fazendo um barulho terrível", Christel Veraart, cantor e compositor, Alasca.[38]

EM 2002, após a gravação do *Acústico en Vivo*, um álbum ao vivo pelo qual ela ganhou seu segundo Grammy, Mercedes fica novamente doente — dessa vez fisicamente. Ela é obrigada a cancelar todos os shows agendados e a doença a impossibilita de fazer apresentações por dois anos, embora tenha conseguido apoiar a campanha de Néstor Kirchner em 2003.

Pouco depois de tomar posse, em maio, Kirchner demite poderosos oficiais militares e policiais. Enfatizando a necessidade de aumentar a responsabilidade e a transparência no governo, Kirchner revoga as leis de anistia para os oficiais militares acusados de tortura e assassinato durante a Guerra Suja. Ao anular essas leis, o caso contra Videla, junto com quatorze outros generais responsáveis pela Guerra Suja, é reaberto. Eles são acusados de assassinato, tortura e sequestros, e sentenciados à prisão perpétua. Desta vez, o juiz certifica-se de que a anistia não é possível e de que eles não escapem das consequências de seus atos. Mercedes está aliviada pela justiça parecer finalmente prevalecer em seu país.

Videla é enviado para uma prisão comum onde morre após uma queda no chuveiro em 17 de maio de 2013. Durante seu processo judicial, ele continuava defendendo os atos bárbaros que cometeu contra a humanidade. Um novo mandado de prisão é emitido para Isabel Perón, mas não é possível prendê-la pois está foragida na Espanha e o governo espanhol se recusa a extraditá-la para a Argentina.

Quando Mercedes retorna em 2005, após seu hiato, ela sofre de dores crônicas nas costas por causa de algumas quedas sérias que quase a imobilizaram. Isso a impede de dançar como costumava fazer, mas mesmo com fortes dores ela encontra um jeito de proporcionar às pessoas o que elas esperam, e seus shows continuam esgotados. A primeira apresentação após seu retorno é no Congresso Argentino, no *Música en el Salón Blanco* (Música no Salão Branco), e tem uma audiência televisiva de um milhão de espectadores. Ela é homenageada pela primeira-dama Cristina Fernández Kirchner, ministros, oficiais do governo e vários outros artistas argentinos. Ao lado dos convidados, León Gieco e Teresa Parodi, ela canta muitos dos clássicos do cancioneiro folclórico que a deixaram famosa. Ela também canta músicas do novo CD, *Corazón libre*, que é lançado em 2005 e rende a Mercedes seu terceiro Grammy.

EM FEVEREIRO de 2007, Mercedes vai de férias à Mendoza. Ela está entusiasmada em voltar ao lugar onde certa vez se apaixonou e onde o Manifesto do Movimento da Nova Canção, que influenciou sua vida desde então, foi criado. Ela está agora em seus setenta anos e quer um tempo para refletir sobre sua vida em ambientes tranquilos e silenciosos, longe da confusão caótica de Buenos Aires.

Em pé junto à janela, ela observa seu grande jardim com as velhas e majestosas árvores. Ao olhar para fora, nota o reflexo de si mesma no vidro. Ela estuda a paisagem de rugas no mapa de seu rosto. Todas elas contam uma história — a dela. A história de uma mulher que teve a sorte de crescer em uma família amorosa e apoiadora, dona de um talento nato e que sempre fez o que mais gostava. Uma mulher que nunca sonhou em ter uma vida tão emocionante, viajando ao redor do mundo e recebendo tanto reconhecimento. Ela nunca buscou nada disso. A vida deve tê-la escolhido a dedo, pensa ao ver o cenário em seu rosto se transformando em um sorriso. Ela também observa em sua testa profundos desfiladeiros formados por eventos trágicos. Mudanças indesejadas empurraram-na em direções nas quais ela não queria ir. Entretanto, elas acabaram por levá-la ao seu destino quando se rendeu à aceitação, o único guia capaz de atravessar os tortuosos caminhos da mudança. "Todo cambia" é como um guia em sua vida, fazendo dela uma constante jornada. "Eu tive uma vida muito bonita e muito trágica",[3] diz ela em voz alta, e se afasta da janela. Ela precisa preparar-se para uma entrevista, ou é isso que ela pensa.

Em outra parte do país, um grupo de sessenta animados jovens cantores entra em um ônibus em direção a Mendoza.

O único compromisso na agenda de Mercedes durante sua estadia em Mendoza é um encontro com o argentino Bahiano, cantor e compositor de reggae, a quem foi concedida uma entrevista para um documentário sobre o folclore na América Latina para o programa MP3.[43] A gravação está prestes a começar. Ela usa um vestido cor-de-rosa com bordados brancos e espera ansiosamente sentada no sofá Chesterfield de dois lugares até que o cinegrafista esteja preparado. Ele explica que, para conseguir imagens melhores, as cortinas precisam ser abertas. Ela não faz ideia de que é tudo parte de uma armação, e que está prestes a ter uma maravilhosa surpresa.

A entrevista começa. Mercedes se sente relaxada e bem-humorada. Eles já passaram dez minutos olhando fotos antigas e ela contou ao repórter o quão importante para si é a sua família. Ela até cantou para ele uma de suas músicas favoritas. O cinegrafista deixou abertas as janelas voltadas para a rua e as cortinas se movem levemente. Bahiano pergunta à Mercedes se gosta de serenatas e ela confirma. De repente, Mercedes ouve uma cantoria vindo da rua. Ela olha perplexa para o jornalista, que se levanta de sua cadeira e estende a mão para, cuidadosamente, ajudá-la a levantar-se. Devagar, eles caminham em direção à janela, onde ele afasta as cortinas para o lado. Em completo deslumbramento, ela vê uma multidão de jovens cantando "Tonada del viejo amor" (Canção do velho amor) em um coro polifônico. Soa fabuloso. Mercedes contempla-os com admiração e logo junta-se a eles.

Quando terminam, ela enxuga as lágrimas dos olhos, grita: "Bravo, bravo, bravo", agradece-os e pede mais uma. O grupo então começa a cantar "Luna tucumana" (Lua tucumana). Em seguida, Bahiano conduz Mercedes, que apesar da dificuldade para caminhar está extremamente animada, até a rua, onde a aguarda outra serenata, "Zamba por vos" (Zamba para você).[44] É uma homenagem que nenhum deles jamais esquecerá.

MERCEDES CONTINUA politicamente ativa, e em 2007 apoia a candidatura de Cristina Fernández de Kirchner, esposa de Nestór Kirchner, que vence e torna-se a primeira mulher presidente eleita da Argentina. Mercedes aceita um convite para cantar na celebração de inauguração em frente ao Palácio do Governo, em 10 de dezembro. As políticas de administração dos Kirchner têm tido grande impacto para o proletariado, cuja exploração Mercedes tem denunciado tão fervorosamente em muitas de suas músicas.

Apesar da saúde frágil, Mercedes continua a viajar pelo mundo todo. Ela sofre de problemas respiratórios e sua voz já não é mais tão forte, mas continua sendo um instrumento admirável. É rica e dinâmica, mas também maleável e surpreendentemente expressiva. Seu vibrato se intensificou com a idade, mas ela usa-o com moderação. Ela está determinada a continuar cantando pelo tempo que puder.

Dois mil e oito é um ano muito ativo para ela. Em 18 de maio, Mercedes se apresenta junto com a popular cantora colombiana

Shakira, em Buenos Aires. Elas cantam a música "La maza" em um enorme show beneficente ao ar livre pelas crianças marginalizadas da América Latina. Ela também viaja para Europa e Israel e faz diversos concertos no Carnegie Hall, em Nova York. Devido a severa dor nas costas, ela agora é obrigada a sentar-se em uma cadeira de rodas no palco, mas isso não a impede de se levantar por um momento e fazer alguns de seus característicos passos de *zamba* sempre que se apresenta. Quando o faz, o público vibra.

Tendo completado a turnê, Mercedes começa a planejar a gravação de outro CD, *Cantora,* sobre o qual já havia conversado com a gravadora. Ela o visualiza como um CD duplo, composto por músicas que nunca havia gravado antes, e com a contribuição de convidados pelos quais ela tem uma afeição especial. O produtor da Sony acha uma ótima ideia e ajuda na escolha das músicas e dos artistas. Ela envia convites pessoais e recebe de respostas positivas de todos. É uma honra fazer parte do projeto, eles dizem. É também uma oportunidade para Mercedes se reunir com amigos que não vê há muito tempo. O cantor brasileiro Caetano Veloso, por exemplo. Ao voltar a vê-lo no estúdio, ela é obrigada a enxugar com um lenço os olhos marejados. "Querido, como você está? Meu querido irmão, faz tanto tempo que não nos vemos. Eu te amo muito, Caetano. Estou muito feliz em te ver",[3] ela diz.

Charly García, o cantor de rock, interpreta uma linda e emocionante canção, "Desarma y sangra" (Desarma e sangra), sobre estar na escola da vida. A letra afirma que não há nenhuma escola que possa te ensinar como deve viver a vida. Charly passou por um período difícil antes das gravações e Mercedes, que esteve preocupada com ele, diz: "Eu sinto uma felicidade estranha dentro de mim. Eu nunca te vi assim antes. Que linda canção. Que bonita, meu lindo príncipe".[3] Eles então começam a dançar no meio do estúdio enquanto todos os outros formam um círculo ao seu redor e batem palmas. Depois de sua breve dança, eles retiram-se para um sofá de couro marrom onde Charly a abraça e ela descansa satisfeita em seus braços.

As gravações acontecem em uma atmosfera livre e tranquila, marcada pela sinceridade, bom humor e respeito mútuo. A voz de Mercedes ainda é forte, mas se cansa mais facilmente, por isso ela estuda minuciosamente cada música antes de gravá-las. Ela quer que estejam perfeitas na primeira ou segunda tentativa para preservar a voz. Sua memória é impecável. Mercedes sabe todas as suas músicas de cor, e mantém a letra à sua frente apenas como uma formalidade. Aos setenta e três anos, ela ainda tem altas expectativas sobre si mesma: "Isto será ouvido no mundo todo para sempre, e se não fizermos direito, nos odiaremos eternamente por não termos cantado a canção do jeito certo".[4] Quando chegam à gravação de "Zamba del cielo" (Zamba do céu), com Fito Páez e Liliana Herrero, o estúdio todo estremece como se o céu tocasse a terra. Em seguida há um completo silêncio e eles seguram as mãos uns dos outros. Liliana irrompe em lágrimas e Mercedes grita: "Oh meu Deus. É insano. Eu tive arrepios do começo ao fim da música". A canção expressa o sentimento de Mercedes quando olha em retrospecto para sua vida:

"A vida me deu muita coisa. Mas também levou embora. A vida é como um rio de maravilhas e dor".

Em uma entrevista sobre a gravação de *Cantora*, Mercedes é perguntada sobre o porquê de estar sendo gravado nesta altura de sua carreira. Ela responde com um trecho da canção "Cuchillos" (Facas), de Charly García: "Porque eu não vou morrer".

A última canção que Mercedes grava para *Cantora* é um dueto com Pedro Guerra, originário das Ilhas Canárias. A música é uma faixa bônus para a edição em espanhol. Foi escrita por Pablo Milanés especialmente para ela e chama-se "La soledad" (A solidão). Mercedes está muito fraca para sair de casa, então a gravação acontece em um pequeno estúdio montado em um cômodo adjacente à sua sala de estar. A música coloca em palavras a solidão que ela experimentou ao longo da vida, mas não há nenhum traço de dor em sua voz. Ao contrário, a última música que entrega ao mundo é o relaxante som do quebrar das ondas apagando as pegadas de solidão marcadas no coração.

Cantora torna-se um dos discos mais vendidos na Argentina em 2009 e ganha o Grammy Latino de Melhor Álbum Folclórico.

Canto superior esquerdo: Mercedes Sosa com a mãe, Ema del Carmen Gíron, em sua cidade natal, Tucumán.

Canto inferior esquerdo: Mercedes Sosa durante o velório da mãe, Ema Gíron, 27 de abril de 2000.

Canto superior direito: Desde a primeira infância, Mercedes é reflexiva, observadora e alerta, mas depois da depressão, em 1997, ela processa informações sensíveis de forma muito mais profunda, o que permite que ela expresse nuances emocionais com mais poder e precisão.

Canto superior esquerdo: Mercedes Sosa se apresenta durante um show em celebração do décimo aniversário do Centro Peres Para a Paz, em Tel Aviv, 27 de outubro de 2008.

Canto inferior esquerdo: A cantora pop colombiana Shakira e Mercedes Sosa se apresentam durante o "The Concert For The Children", em Buenos Aires, 17 de maio de 2008.

Canto superior direito: A presidente da Argentina, Cristina Fernández de Kirchner, e seu marido, o presidente predecessor Néstor Kirchner, no palco enquanto Mercedes Sosa canta na celebração de posse de Fernández, 10 de dezembro de 2007.

Mercedes Sosa recebe o prêmio de Melhor Álbum Folclórico por *Misa Criolla* no primeiro Grammy Latino, 13 de setembro de 2000, Los Angeles.

Buenos Aires, 18 de setembro de 2009

*D*ESDE QUE MERCEDES terminou as gravações de *Cantora*, em junho, sua saúde continuou piorando. De dentro de seu apartamento, ela olha a cidade de Buenos Aires através da janela, emoldurada pelas samambaias verdes na varanda. Fabián chegará em breve para levá-la à Clínica de la Trinidad, no bairro de Palermo, um dos melhores hospitais da cidade. Ela arrumou uma pequena mala para levar consigo. Seus olhos passeiam pela sala, dos vasos transbordando de flores coloridas às longas filas de livros nas prateleiras e adiante, pelas obras de arte que colecionou ao longo dos anos — pinturas, esculturas, tapetes exóticos tecidos à mão que cobrem o chão e todo tipo de artesanato indígena. Um quadro decora a parede da entrada, é um desenho feito pela velha amiga Joan Baez. Seu olhar passa por todos os prêmios pendurados nas paredes. Eles sussurram-na, *nós somos a prova de que sua vida não foi um erro*. Alguns significam mais para ela do que outros — os que recebeu nos últimos anos. O Diamond Konex Award, de 1994, por ser a personalidade mais importante na música popular argentina, e dois preciosos prêmios de 1996, a medalha Simões Lopcs Neto, pelos méritos artisticos e pessoais ao promover a união do povo, e o prêmio CIM-UNESCO são especiais para ela. Eles são a prova de que ela viveu com todo o seu potencial e cumpriu seu destino. Ao fim do dia, isso significa mais para ela do que ter sido reconhecida internacionalmente em 1996 por ter uma das vozes mais extraordinárias do mundo.

Ela dá um suspiro aliviado. Quando Fabián chega, ela continua com ele a conversa: "Isso tudo que você vê aqui, não são apenas prêmios que recebi por cantar. Eles também são gratificações pelo meu modo de pensar. Eu penso nos seres humanos. Eu penso na injustiça. Talvez se eu não pensasse, meu destino teria sido diferente. Eu teria sido apenas uma cantora comum. Então isso é o que me faz pensar que eu não me enganei quando comecei a ter uma ideologia".[3]

É com essa convicção que ela deixa sua casa pelo que acaba por ser a última vez. Durante as três semanas seguintes, a saúde de Mercedes se agrava. Os rins param de funcionar e ela tem problemas no fígado e no coração. Seu estado piora quando surgem complicações cardiorrespiratórias, e ela é colocada na unidade de cuidados intensivos.[45] Ela sabe que sua situação pode acabar sendo fatal e permite que muitos de seus bons amigos venham visitá-la para se despedirem caso ela não sobreviva, embora ainda espere por um milagre. Ela ama a vida, mas também não deseja envelhecer tanto quanto sua mãe. "Eu prefiro partir enquanto ainda penso com clareza", ela diz.

Na sexta-feira à noite, ela pede que seu padre, Luis Farinello, venha para dar-lhe a extrema-unção,[46] um ritual católico que concede o perdão aos pecados cometidos, servindo como uma preparação para que a pessoa prestes a falecer possa passar para a vida eterna. Padre Farinello, que conhece Mercedes há anos, relata que conduzir este ritual foi um momento muito emocionante para ambos, já que Mercedes estava consciente e sabia que estava morrendo.

O país inteiro prende a respiração quando Fabián, do lado de fora do hospital, passa para os repórteres o relatório sobre a condição da mãe. No sábado ele diz: "Somos muitos os que rezamos por ela e acreditamos em um milagre, mas sua vida está nas mãos de Deus". O sobrinho dela, Coqui Sosa, confirma e diz a eles que o site oficial de Mercedes colapsou com o enorme número de mensagens de apoio chegando nos últimos dias.[47] "Isso mostra que o amor coloca as coisas em movimento", ele diz.

Mais do que qualquer coisa, Mercedes quer cantar para todos ao seu redor até o último suspiro. Mas seus pulmões falham. Ela é colocada em coma induzido e respira através de aparelhos, estando em constante observação. Em 4 de outubro, às 5h15, ela morre em paz enquanto dorme. Uma das melhores vozes que o mundo já ouviu silenciou-se. Um dos mais amáveis e apaixonados corações parou de bater.

"Ela morreu em paz, em sua cama de hospital, como uma mulher livre que realizou tudo o que queria na vida. Ela viveu seus setenta e quatro anos ao máximo. Não houve nenhum tipo de barreira ou medo que a limitasse",[47] Fabián proclama ao encontrar-se com a imprensa para anunciar a morte da mãe.

Buenos Aires, 5 de outubro de 2009

CENTENAS DE pessoas estão reunidas na alameda em frente ao crematório do Cemitério da Chacarita, em Buenos Aires. Elas aplaudem e cantam enquanto a fumaça branca que sai da chaminé sobe devagar em direção ao céu azul de primavera, como um gesto de agradecimento. Tal qual uma canção sem palavras, cantando pela última vez "GRACIAS A LA VIDA".

"Graças à vida, que me deu tanto
Me deu o riso e me deu o pranto
Assim distingo felicidade e sofrimento
Os dois materiais que formam meu canto"
"Graças à vida", de Violeta Parra

O último desejo de Mercedes era que suas cinzas fossem espalhadas em seus lugares preferidos: "Quando eu morrer, desejo ficar um pouco em Tucumán, um pouco em Mendoza e um pouco em Buenos Aires". Fabián, junto com os dois netos, os dois irmãos e os sobrinhos de Mercedes, realizou seu desejo. É mais um exemplo de como, tanto na vida quanto na morte, ela sempre quis estar em todos os lugares, abraçando todas as pessoas.

Canto inferior direito: Fernando e Orlando Sosa, irmãos de Mercedes Sosa, e seu sobrinho, Coqui, seguram uma urna contendo suas cinzas, 13 de outubro de 2009, Monte San Javier, província de Tucumán.

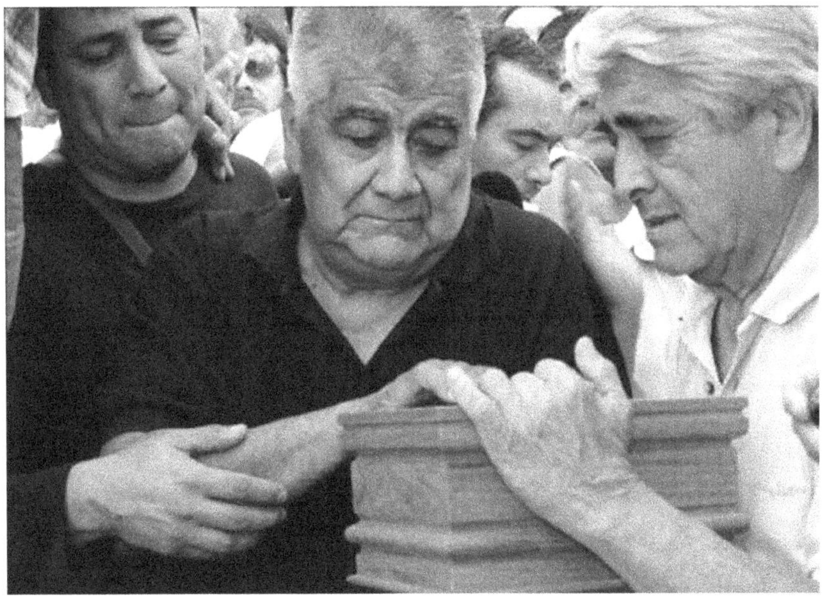

Parte Dois
Meu encontro com Mercedes Sosa

"Quando nossas vidas se tornam espetáculos, nós nos tornamos atores. Quando nos tornamos atores, sacrificamos nossa autenticidade. Sem autenticidade, não podemos cultivar o amor e a união. Sem amor e união, não temos nada."
Brené Brown

ESPERO QUE A PARTE UM tenha lhe dado uma boa noção sobre Mercedes Sosa como pessoa, os acontecimentos que a moldaram e o impacto que ela causava aonde quer que fosse. Antes de prosseguirmos para a minha jornada pessoal com Mercedes, quero dar um exemplo recente de como ela continua tocando as pessoas até hoje.

No verão de 2015, indo da Turquia para uma das ilhas gregas, eu conheci duas americanas incríveis na bilheteria da balsa. Elas perguntaram sobre a minha vida e eu disse que estava escrevendo um livro sobre a Mercedes Sosa. Uma delas ficou tão animada que deu um salto, me abraçou durante um bom tempo e disse: "Você está mesmo escrevendo um livro sobre a Mercedes Sosa? Ela não é deste mundo. Eu a adoro, é a melhor! Eu não sei quase nada sobre sua vida pessoal, quero muito ler o seu livro". A outra não conhecia Mercedes Sosa, então comecei a contar sobre a vida dela e a influência que teve na minha. Enquanto eu falava, lágrimas rolavam pelo seu rosto. Ela então disse: "Que história fantástica! Eu quero conhecê-la também. A sua história pessoal me toca profundamente, creio que outras pessoas também podem se beneficiar em ouvi-la. Eu sou diretora do setor de experiências para membros em um clube social frequentado por pessoas muito influentes em Nova York. Eu quero que eles ouçam isso. Você podia ir dar uma palestra quando o livro for lançado".

O rapaz turco que trabalhava na bilheteria tinha escutado a conversa e colocou "Gracias a la vida" em seu iPhone. Enquanto a música tocava, as duas mulheres comentavam sobre a forte presença que inundava o lugar como eletricidade.

Nossa humanidade comum

A PRIMEIRA VEZ QUE COLOQUEI os olhos em Mercedes Sosa, ela despertou imediatamente algo profundo dentro de mim. Senti uma necessidade de conectar-me com ela e um desejo de conhecê-la. Embarquei em uma jornada que virou minha vida de ponta cabeça.

Quando assistia aos vídeos de Mercedes na internet e ouvia sua voz, estivesse ela cantando ou falando, eu sentia uma conexão com ela que me consolava. Mais tarde, descobri que o que estava intuitivamente motivada a fazer para me recuperar do meu trauma de infância teve um efeito positivo que podia ser explicado cientificamente. Descobri que podia encontrar respostas na neurociência — mais especificamente, na neurobiologia interpessoal.

A neurobiologia interpessoal aborda o modo como as nossas mentes afetam umas as outras quando estamos conectados. Basicamente, a neurobiologia interpessoal acredita que somos quem somos por causa das nossas relações, e que todos os relacionamentos, especialmente os mais íntimos, alteram o cérebro. É uma crença comum na neurociência que o cérebro adulto continua a desenvolver novas células cerebrais durante toda a vida e que permanece aberto às mudanças em resposta às experiências. O cérebro nunca para de se desenvolver, e relacionamentos íntimos e saudáveis podem continuar nos influenciando ao longo da vida. Na verdade, eles são essenciais para o nosso desenvolvimento porque nos proporcionam novas experiências que reforçam novas conexões neurais e moldam a estrutura do nosso cérebro. Saber que podemos influenciar ativamente o nosso cérebro a qualquer momento das nossas vidas, e assim transformá-las, traz esperança para todos nós.

À medida que for avançando na leitura, você verá como Mercedes Sosa me ajudou a superar uma das maiores crises da minha vida, possibilitando que eu curasse as minhas feridas emocionais. Mercedes Sosa se tornou o meu novo ponto focal, e durante esse processo, eu descobri como o cérebro reage à música, à prática de *mindfulness* e à imaginação, assim como a encontros pessoais e positivos com outras pessoas. Acredito que minha história, bem como as perspectivas científicas que sustentam a minha experiência, podem ser úteis para qualquer pessoa que se encontre presa a experiências limitadoras, paralisantes ou dolorosas do passado. Mas antes de mergulhar em minha própria jornada, deixe-me explicar o que quero dizer com "ferida emocional".

A ferida emocional é uma ferida que muitos de nós temos cedo na vida. Ela pode se tornar eternamente determinante em relação à forma como nos vemos, já que negligenciar lidar com isso da forma correta pode influenciar nossa autoestima. Quer estejamos cientes disso ou não, a maioria de nós carrega feridas emocionais que podem ser reabertas. Caso você se pergunte se já foi ferido emocionalmente, pode analisar sua vida e ver se há algum tema em torno do qual ela gira constantemente. Se notar que repete um padrão de comportamento que leva à experiências dolorosas, é provável que o gatilho seja uma ferida emocional. Muitos de nós encontramos maneiras de encobrir essas feridas, e seguimos em frente cambaleantes, fingindo que elas não existem. Algumas pessoas têm consciência disso, mas para muitos a ferida passa desapercebida. Quando as circunstâncias da vida conspiram para reabrir uma dessas feridas, podemos escolher fugir ou ver esses momentos como oportunidades para a cura e o crescimento. Quando estamos cientes das nossas feridas emocionais e o que as faz vir à tona, quando sabemos como nos tratar com amor e carinho, não precisamos ter medo delas ou escondê-las. Isso nos liberta para viver uma vida plena, livre e consciente.

As opiniões básicas sobre a nossa imagem e autoestima originam-se nos anos de formação das nossas vidas, especialmente através das interações com os nossos pais. Quando somos crianças, os pais — principalmente a mãe — se tornam espelhos para que vejamos a nós mesmos. Entendemos o nosso valor através do que é refletido nos olhos dos nossos pais ou cuidadores. Se eles nos olham com aceitação e amor, teremos uma autopercepção no mínimo razoável. Mercedes tinha muita consciência disso. Graças ao amor que recebeu dos pais, ela se tornou uma adulta saudável com uma base sólida de autoestima, o que lhe permitiu seguir seu coração por toda a vida e reerguer-se cada vez que enfrentava dificuldades. "Agradeço aos meus pais pela paz que tenho em minha vida. Sem paz, eu não seria capaz de cantar para vocês. Se você tem paz em sua vida, é porque a trouxe da infância. Sem o amor deles, eu nunca teria me tornado a pessoa que me tornei",[25] ela disse.

Independentemente do quão boa tenha sido nossa infância ou quão boas sejam as intenções dos nossos pais, muitos de nós somos feridos durante a nossa criação, estejamos conscientes disso ou não. Isso acontece porque o mundo não é perfeito. Quando crianças, nós somos sensíveis, e o cérebro ainda não se desenvolveu o suficiente para compreender os acontecimentos. Todas as experiências que temos na infância ficam armazenadas em uma memória subconsciente e moldam a nossa personalidade em desenvolvimento. Uma das primeiras coisas que aprendemos com as reações dos nossos cuidadores é que somos bons quando conseguimos realizar alguma coisa. Para ser *alguém*, precisamos fazer *algo*. Quando uma criança está se divertindo no parquinho, ela chama seus cuidadores com empolgação, dizendo: "Olhem para mim, olhem para mim". O que ela quer é a atenção afetuosa e a confirmação de está sendo vista se divertindo e que está bem. A reação automática que muitos pais têm em uma situação como essa é dizer: "Sim, você é muito boa no balanço". Sem perceber, o adulto está deixando na criança a mensagem subliminar de que, para estar bem, é preciso ser bom, esperto e habilidoso em fazer alguma coisa.

Por causa dos diversos sistemas de valores que nos são passados e da narrativa que domina o modo como a sociedade funciona, é muito difícil para nós fazer a transição entre levar uma vida baseada no fazer e uma vida baseada no ser. À medida que ficamos mais velhos, muitas vezes falhamos em questionar o sistema de valores que nos foi passado pelas tradições e regras não escritas da família ou da cultura em que crescemos. Então, simplesmente continuamos nos esforçando para obter aprovação através das nossas conquistas. Quando nossa autoestima equivale ao sucesso que se pode medir, nos aprisionamos em vidas orientadas a objetivos, nas quais acabamos por nos esgotar.

Imagine como a vida poderia ser diferente se a reposta à criança no parquinho tivesse sido: "Sim, estou te vendo, querida. Adoro ver você se divertindo tanto. Vejo como você é maravilhosa, você me faz muito feliz". Uma resposta como essa nos levaria a viver uma vida em que nossa motivação e energia viesse de ser quem somos e de fazer o que nos é natural, assim como para Mercedes cantar era tão natural quanto andar. Quando estamos em paz conosco, obter ou não a aprovação externa se torna menos relevante. Mercedes nunca planejou obter aprovação ou ser recompensada. "Quando eu canto, canto porque amo cantar, não porque acho que serei recompensada",[3] ela disse.

Quando não dependemos da aceitação dos outros, podemos nos permitir ser humanos e generosos conosco quando cometemos erros. Mercedes era uma perfeccionista com elevadas ambições profissionais em relação a si mesma como artista, e críticos pelo mundo todo descreviam suas performances como impecáveis, mas ela era realista e sabia que erros eram inevitáveis. "É claro que não consigo sempre dar o meu melhor em todas as canções", ela admitiu certa vez.

Em todas as apresentações ao vivo a que assisti, notei Mercedes cometer apenas uma única falha: o clássico erro de começar antes dos outros músicos. A reação dela ao seu deslize foi incrível. Estando diante de milhares de pessoas, ela não mostrou nenhum sinal de pânico ou constrangimento. Ela apenas sorriu gentilmente e balançou a cabeça de forma sutil, como se aceitasse o que havia feito e estivesse confirmando que estava tudo bem. Ao invés de se deixar abater, ela simplesmente continuou com uma risada sutil na voz e um sorriso nos lábios. Mesmo que tivesse expectativas altas cm relação a si mesma e quisesse sempre fazer o seu melhor, ela não permitiu que o perfeccionismo artístico e as falhas afetassem sua autoestima. Ela demonstrou compaixão para consigo mesma ao invés de culpar-se.

Isso me fez compreender a conexão entre a nossa criação e as conclusões que tiramos sobre nós quando falhamos ou não somos capazes de viver conforme os nossos padrões. Quando tropeçamos, podemos escolher levantar, balançar a poeira e demonstrar compaixão por nós mesmos ou podemos concluir que há algo errado conosco. Como vimos na parte um, Mercedes enfrentou grandes batalhas, mas sempre deu a volta por cima, e sua autoestima costumava ficar intacta. Quando dei o meu primeiro grande tropeço, eu escolhi a segunda opção, e sofri com o peso do meu julgamento por muitos anos.

Minha vida antes de Mercedes Sosa

EU CRESCI em uma pequena cidade na costa oeste da Dinamarca, em uma família comum, a mais velha de três filhos. Meu irmão era seis anos mais novo do que eu, e minha irmã dez anos mais nova. Eu era uma criança tranquila e sensível, que captava facilmente os ânimos e percebia quando meus pais não estavam contentes. Na minha cabeça ainda jovem, as coisas que eu captava tomavam grandes dimensões. Eu guardava tudo para mim mesma pois não queria sobrecarregar meus pais. Eu entendia que eles tinham os próprios problemas — problemas sobre os quais não se falava. Um deles era que minha mãe sofria de insônia e isso afetava seu estado psicológico e emocional. Quando criança, ela caíra muitas vezes, ferindo gravemente a cabeça e sofrendo sete concussões e duas fraturas cranianas. Olhando para trás, eu acho que minha mãe deve ter sofrido danos cerebrais que afetaram tanto sua capacidade de dormir quanto a de mostrar empatia. Mas tal diagnóstico não estava disponível naquela época, então tudo o que eu sabia é que havia algo errado com a minha mãe e que tínhamos que esconder aquilo das pessoas à nossa volta. Não fazia parte nem dos costumes da nossa família nem da cultura dinamarquesa em geral nos anos 70 falar abertamente sobre problemas pessoais. O medo do que as outras pessoas iriam pensar fez com que a doença da minha mãe se tornasse o segredo da família. Não por maldade, mas mais por falta de compreensão, minha mãe me confiou o segredo e quis que eu o guardasse. O bem-estar da minha mãe significava o bem-estar de toda a família, por isso a primeira coisa em que eu pensava quando acordava de manhã era se ela tinha dormido ou não. Se a resposta fosse negativa, normalmente tínhamos que cancelar nossos planos para o dia, e o clima na casa se tornava sombrio e opressivo.

Meu pai era um bom homem e trabalhava duro para sustentar a família. Ele nunca bateu em mim ou nos meus irmãos, mas era evasivo e passivo em relação à nossa criação e acabou por deixar isso com a minha mãe. Ele a ajudava nas coisas práticas, mas não demonstrava afeto com facilidade e não era capaz de dar muito apoio emocional aos filhos.

Quando eu tinha dez anos, minha mãe começou a compartilhar coisas profundamente pessoais comigo. Normalmente ela chorava e pedia conselhos. Eu era tão compreensiva, ela dizia. Às vezes, quando minha mãe estava sobrecarregada pela fadiga, ela se irritava e se trancava no quarto. Eu ficava com medo do que ela pudesse estar fazendo e tentava fazê-la abrir a porta. Se eu a ouvia chorar, ficava tensa e ia para o meu quarto com um nó no estômago. Algumas vezes eu tapava minha boca com uma almofada para que ninguém me ouvisse chorar, porque sabia que tinha que ser forte. Depois eu saia com um sorriso no rosto e contava piadas para fazer todos rirem, reprimindo os meus sentimentos. Eu me tornei mestre em reprimir meus verdadeiros sentimentos, e, assim como Mercedes, anos mais tarde eu encararia as consequências de fazer isso.

Eu também ajudava cozinhando, limpando e cuidando dos meus irmãos. Estava ciente de que tinha um importante papel na família como a pequena ajudante, amiga, marido emotivo substituto e conselheira da minha mãe. Diziam-me o quão especial eu era quando a apoiava e eu compreendi que tinha valor por causa de todas as coisas que fazia para manter nossa família unida.

A condição da minha mãe me afetou psicologicamente. Eu desenvolvi uma hipersensibilidade ao seu sofrimento que fazia com que eu me preocupasse constantemente com ela e que eu tivesse medo de que ela fosse morrer — ela me dizia com frequência que não esperava viver muito. Eu me sentia culpada quando não estava com ela e não me permitia estar alegre se ela estivesse deprimida. Enquanto os meus amigos se divertiam, eu me ajoelhava e pedia a Deus que a curasse e trouxesse paz para a nossa família. Eu sentia que minha mãe vivia sua vida dentro de mim de tal forma que acabava não vivendo a minha própria vida.

Quase como Mercedes, mas por motivos diferentes, eu parti para um "exílio autoimposto" buscando fugir da dor. Com a bênção dos meus pais, eu saí de casa aos quinze anos e fui morar com um casal amável e afetuoso que não tinha filhos. Eles me trataram como se fosse um deles, me dando muito amor e carinho, e pela primeira vez eu pude me libertar da ansiedade e da dor que sentia. O apoio deles foi inestimável durante a minha adolescência, mas ainda levaria mais trinta anos para que eu me libertasse do medo, da culpa e da hipersensibilidade que dominou a minha vida por eu ainda não ter enxcrgado a dimensão das minhas feridas.

Meus pais fizeram o melhor que puderam. Olhando em retrospecto, sou grata pelos valores que eles me passaram. Mas antes de chegar nesse ponto, eu tive que passar pelo longo processo de enfrentamento sobre o impacto que minha infância teve no modo como vivia minha vida adulta.

OLHANDO para o lado positivo disso tudo, o papel que me foi confiado na família me tornou independente e aventureira. Eu aprendi a tomar a iniciativa e ser inventiva, e sentia que podia fazer o que quisesse na vida. Então, logo após terminar o ensino médio, eu parti para o mundo, cheia de autoconfiança, mas sem autoestima. Eu confiava na minha capacidade de me sair bem, mas no fundo não me sentia segura, como sentiu-se Mercedes. Ela foi bem-sucedida por causa da pessoa que já era, enquanto eu tentei me tornar alguém através das minhas conquistas. Viajar foi provavelmente uma forma de me afastar o máximo possível da dor, mas o cordão umbilical psicológico que me ligava à minha mãe era tão tenaz que mesmo indo até o fim do mundo, eu podia sentir se ela estava feliz ou não.

Eu cresci e me tornei uma adulta zelosa, responsável e boa em resolver problemas, e me esforçava para garantir o bem-estar das pessoas ao meu redor. Como resultado, eu ganhei a confiança das pessoas, e elas falavam bem de mim. O que ganhei em troca por ser uma profissional esforçada, que de bom grado se matava de trabalhar e nunca pensava nas suas próprias necessidades ou se permitia descansar muito, foi reconhecimento, o que fazia com que eu me sentisse importante. O que eu não percebia era que estava usando a mesma estratégia de sobrevivência que me ajudou a sentir-me única na infância. Assumir a responsabilidade pelos outros foi a estratégia que desenvolvera inconscientemente quando criança para sobreviver. Já adulta, eu pensava que esse era simplesmente meu jeito de ser. Eu não sabia que era algo que pudesse ser mudado, nem que, se não o fizesse, isso poderia me levar a um enorme colapso.

Eu comecei a sentir-me exausta ainda muito nova. Mesmo depois das férias, eu não me sentia revitalizada; era como se minhas baterias não recarregassem. Era algo que eu tentava esconder porque tinha vergonha de estar tão cansada, e não queria mergulhar em uma autopiedade nem ser um fardo para ninguém. Eu havia aprendido que o cansaço era algo que devia ser escondido ou camuflado, então, mesmo quando estava exausta, continuava seguindo em frente. As pessoas me procuravam com seus problemas e eu estava sempre disponível. Negar não era uma opção porque me preocupava genuinamente com elas e não percebia que era inconscientemente motivada pela necessidade de ser indispensável.

*E*M 1988, eu levava uma equipe de sete pessoas à Índia para auxiliar um casal indiano a desenvolver uma instituição cristã de caridade que visava criar lares para crianças e ensinar pessoas nos bairros pobres de Mumbai. Eu tinha apenas vinte e três anos e estava ocupada tentando "salvar o mundo" quando soube que um dos membros da equipe me criticara e questionara minha integridade pelas minhas costas. Tínhamos acabado de passar seis semanas em Mumbai, onde eu e mais três meninas compartilhávamos um quarto com apenas duas camas. Eu vinha dormindo em um colchão inflável no chão, dividindo-o com outra menina.

Depois de um trabalho exaustivo na úmida, malcheirosa, caótica e superpopulosa cidade de Mumbai, precisávamos de um descanso e fomos de férias para o lado indiano da Caxemira. Estávamos na estrada há três dias quando finalmente chegamos em Srinagar, à beira dos Himalaias, e fizemos o check-in em uma casa flutuante de madeira no lago Srinagar. Ali encontramos o mesmo problema de Mumbai — quatro meninas dividindo um quarto com apenas duas camas. Eu estava esgotada e achei que seria justo revezarmos para dormir no chão, então coloquei minha mochila em uma das camas. Foi quando uma delas disse, de forma sarcástica, pelo que entendi: "Por que você e sua amiga não dormem no chão, já que gostam de estar próximas?". Perguntei a ela o que exatamente queria dizer. No momento em que ela fez a acusação, sugerindo que eu estava tendo o que ela chamou de um "relacionamento lésbico" com uma das pessoas da equipe, eu fiquei estarrecida e senti como se um punhal tivesse penetrado meu coração.

A acusação teve um impacto tão grande em mim porque aconteceu em um ambiente cristão, onde o sexo fora do casamento era visto como um pecado, e mais ainda entre pessoas do mesmo sexo. Além do mais, eu não estava preparada para tal resposta porque geralmente era bastante estimada e considerada uma pessoa muito confiável. Naquele momento, eu perdi minha confiança inocente nas pessoas. A verdade é que eu estava preocupada com as questões espirituais da vida, e pensava em sexo e necessidades físicas como algo que se opunha à espiritualidade. Consequentemente, nunca dei muita atenção às minhas necessidades físicas. Eu provavelmente era um pouco ingênua. Mesmo tendo tido namorados, eu não tinha experiência sexual, então como poderia saber ao certo qual era minha identidade sexual? Decidi perguntar ao resto da equipe se tinham a mesma percepção, e todos responderam negativamente.

Durante os últimos meses, eu desenvolvera uma linda amizade com uma das meninas da equipe. Ela era minha melhor amiga na época e eu a estimava muito. Ela estava passando por um momento difícil e, por ser sua amiga e líder de equipe, tentava confortá-la quando estava triste ou angustiada. Uma das formas em que o fazia era estando perto dela — abraçando-a. De acordo com Gary Chapman, o autor americano de *As Cinco Linguagens do Amor*, a maioria das pessoas domina uma ou duas linguagens do amor — algumas demonstram amor e afeto através do contato físico, enquanto outras preferem comunicar seu amor verbalmente, oferecendo presentes, ajudando de forma prática ou passando tempo com a outra pessoa. Para descobrir quais são as nossas linguagens principais, basta analisar nossa reação a essas diferentes expressões. A atitude que nos faz sentir mais apreciados é provavelmente nossa linguagem do amor prevalecente.

Hoje eu sei que o contato físico é a minha linguagem do amor dominante, e ao observar Mercedes se relacionando com outras pessoas, acredito que também era a dela. Parecia muito natural para ela reagir aos outros com algum tipo de contato físico, fosse um abraço, um entrelaçar de mãos, um beijo ou simplesmente aproximar-se de alguém. Consigo enxergar muito de mim mesma no comportamento expressivo dela, e hoje sei que é uma parte natural de quem eu sou. Mas quando era jovem, eu não tinha consciência da minha linguagem do amor, assim como não sabia que tinha uma ferida emocional por não ter recebido carinho e cuidados maternos o suficiente e nem que meu cérebro estava em uma missão inata para suprir tais necessidades. Eu também não tinha conhecimento sobre o hormônio e oxitocina neuroquímica que é liberado quando estamos perto de alguém por trinta segundos ou mais. A oxitocina, também conhecida como o hormônio do amor, tem um efeito tranquilizante no sistema nervoso, baixando o nível de cortisol, o hormônio do estresse. Por isso a proximidade simplesmente me acalmava. Sendo uma jovem de vinte e três anos com uma responsabilidade enorme em terras estrangeiras, eu precisava da proximidade e da oxitocina para me sentir segura e combater o estresse. Não era sexual. Ainda assim, as acusações me assombraram por anos.

Durante muitos anos, eu não contei a ninguém sobre essa experiência. Eu ainda era influenciada por um pensamento religioso e me sentia envergonhada com a acusação, embora fosse inocente e estivesse sendo apenas um ser humano normal e afetuoso.

Eu havia me esforçado muito nas práticas espirituais e provavelmente me tornara um modelo de espiritualidade a ser seguido por algumas pessoas. As minhas expectativas sobre mim mesma e sobre o que achava que os outros esperavam de mim impediram-me de ser aberta a esse respeito. Mas guardar aquilo para mim alimentou a minha vergonha, porque a vergonha floresce e prospera na solidão. Conforme crescia em mim a vergonha, crescia também o "e se" que fora plantado em relação à minha identidade sexual. Quando me casei, aos trinta e quatro anos, eu era, como Mercedes colocou, ainda uma "boa menina", sem experiência sexual. Levou muitos anos até que eu conseguisse compartilhar com meu marido o que tinha acontecido. Quando finalmente o fiz, fui acolhida com muito amor e compreensão. Minha vergonha desapareceu como uma bolha de sabão estourada.

Vinte e cinco anos depois que o episódio aconteceu, eu encontrei a menina de quem era próxima na Índia e perguntei-lhe se as acusações tiveram alguma consequência para ela. Ao que parece, aquilo não a havia afetado minimamente; ela mal sabia do que eu estava falando. A razão pela qual fiquei tão abalada é que, sendo a líder do grupo, eu me sentia responsável e tinha expectativas altas demais sobre mim, mas sobretudo porque aquilo me conectava com a minha ferida emocional, a "ferida da minha mãe". Uma pessoa só pode nos machucar se existe uma ferida interna para servir de gatilho. Quando estamos plenos, podemos dar de ombros e seguir adiante, algo que eu não fui capaz de fazer na ocasião. Todos temos um limite, e eu cheguei no meu. Foi como se dentro de mim houvesse um elástico tão esticado que acabou por romper. Eu tive minha primeira lesão grave e concluí que havia algo terrivelmente errado comigo desde que falhara ao fazer com que todos estivessem felizes. Eu estava em estado de choque e meu cansaço atingiu um novo patamar. Comecei a ter problemas para adormecer à noite porque meu cérebro ficava relembrando a situação tentando encontrar uma explicação ou uma solução. Mesmo sendo tão jovem, eu já sofria de esgotamento grave.

UM ANO após o incidente da Índia, meu pai passou por uma cirurgia por causa de um tumor no estômago. Descobriu-se que era maligno e grande demais para ser removido. Ele faleceu inesperadamente de um ataque cardíaco apenas três dias depois dc ser diagnosticado. Após sua morte, eu percebi quanta estabilidade ele trouxera para a família simplesmente por estar presente. Além disso, compreendi que a vida dele também não havia sido fácil.

Sem meu pai, minha responsabilidade na família, especialmente em relação à minha mãe, aumentou. A exaustão foi tão grande que comecei a evitar as pessoas e eventos sociais. Às vezes me escondia no banheiro de luz apagada para evitar aqueles que buscavam a minha companhia. Não estou de forma alguma insinuando que eu era uma celebridade, mas estava constantemente no centro das atenções e sempre rodeada de gente. Entendo o quão cansativo deve ter sido para Mercedes ter uma relação afetuosa com as pessoas e estar sempre disponível.

Apesar da minha estafa, eu consegui me superar, lecionei na universidade e posteriormente trabalhei como professora durante muitos anos. Depois montei do zero uma agência de viagens e uma imobiliária. Às vezes eu ainda me pergunto como consegui fazer tudo isso. Aos quarenta e sete anos de idade, eu finalmente fui a uma terapeuta. Ela disse que era um milagre eu ainda não ter caído morta de tanto estresse. Ela também não compreendia como eu havia lidado por tantos anos com os sintomas graves. Acho que eu funcionava simplesmente na base da vontade e do otimismo, ou talvez eu tenha ficado viciada em trabalho.

Pesquisas mostram que há uma ligação entre o estresse crônico e comportamentos dependentes. Algumas pessoas viram alcoólatras, toxicodependentes, consumidores compulsivos ou desenvolvem outros distúrbios como forma de suprimir sua dor interior. Eu desenvolvi uma compulsão pelo trabalho, me sentia estimulada ao obter resultados. A compulsão pelo trabalho é provavelmente a única dependência, além do vício em exercícios físicos, que é vista como uma virtude. Embora o trabalho compulsivo seja como outros vícios, onde se usa algo como caminho para lidar com os sentimentos ou anestesiá-los, este é socialmente aceito. As pessoas que são viciadas em trabalho são vistas como ambiciosas, o que dificulta muito a detecção do problema. Mas assim como outros vícios, o trabalho compulsivo pode ter consequências significantes para a saúde e desencadear sintomas psicossomáticos, como aconteceu comigo.

Enquanto estivesse trabalhando, eu me sentia energizada. Quando estava cansada, eu costumava escrever uma longa lista de afazeres e colocava mãos à obra. Eu era capaz de trabalhar por horas a fio sem fazer pausas. Quando diminuía o ritmo ou descansava, eu tinha dores de cabeça horríveis ou sentia tonturas. Era mais ou menos como estar de ressaca. Depois compreendi que estava levando um estilo de vida movido a adrenalina, que tem o mesmo efeito que a velocidade no sistema nervoso. Eu não sabia, mas o que isso significava era que eu corria cada vez mais rápido em direção à fadiga adrenal ou fadiga crônica.

*F*ELIZMENTE, também aconteceram coisas positivas na minha vida. Em agosto de 1988, minha melhor amiga ficou noiva. Havíamos passado juntas a maior parte do nosso tempo livre durante os seis anos anteriores, então foi difícil aceitar que eu estava prestes a perdê-la. Eu não conhecia ninguém com quem me visse, então decidi tomar uma atitude. Inscrevi-me em uma festa para solteiros perto de onde morava e, em 29 de agosto de 1998, em uma noite de final de verão, embarquei em meu velho Audi vermelho em direção ao meu futuro.

A noite começou com um jantar, e eu estava sentada ao lado de um rapaz enorme e bem-apessoado. Ele era engenheiro mecânico e tinha viajado o mundo todo, assim como eu. Começamos a conversar e eu detectei imediatamente a singularidade em seu DNA. Ele me pareceu uma pessoa acolhedora, sincera e carinhosa, com um sentido de humor e inteligência que me atraíam. A sensação que eu tive de estar sentada ao seu lado era a de finalmente chegar em casa depois de uma longa jornada. Me sentia segura e em boa companhia, e, apenas uma hora depois, eu sabia que ele era o homem certo para mim. Quando ele questionou se eu estaria interessada em vê-lo outra vez, não hesitei e perguntei a ele se queria ver o meu carro, uma deixa para ter a chance de estarmos à sós. Meu carro tinha vinte e cinco anos, o acabamento desbotara e eu o havia pintado com spray, o carro inteiro, sozinha. É justo dizer que parecia ter sido tingido com efeito *tye-dye*. Vendo aquilo, ele disse: "A propósito, eu também sou mecânico".

De tão empolgada que estava, eu esqueci completamente que tinha prometido dar carona a alguém. Seis semanas mais tarde, ele me pediu em casamento, e nos casamos apenas oito meses depois do nosso primeiro encontro. Nenhum de nós duvidava que éramos feitos um para o outro.

Quando nos conhecemos, eu dava aulas e meu futuro marido trabalhava como engenheiro, mas queríamos mais controle sobre nossas vidas. Nessa época, estávamos ambos exaustos dos acontecimentos da vida, então esperávamos construir uma vida fora do mercado de trabalho que fosse menos estressante. Logo depois de nos casarmos, abrimos uma agência de viagens e uma imobiliária, sem ter nenhuma experiência como autônomos. Foi um trabalho incrivelmente árduo, mas estávamos indo muito bem até a crise financeira atingir a Europa em 2008. Quando isso aconteceu, enfrentamos uma grande pressão financeira e estávamos lutando para não afundar. Já havíamos fechado a agência de viagens, devido a competição com a internet, e dependíamos totalmente da imobiliária. Tínhamos nos especializado em propriedades nobres e detínhamos o monopólio das vendas a clientes dinamarqueses para a Fisher Island, imobiliária de alto padrão com sede em Miami que estava construindo um dos resorts mais luxuosos da Costa del Sol, no Sul da Espanha. Este prestigioso projeto nos colocou em contato com alguns dos investidores mais ricos da Dinamarca. Um dos nossos clientes VIP queria comprar uma mansão luxuosa, e se conseguíssemos vender a propriedade, a comissão seria equivalente a um ano inteiro de faturamento para nós dois, o que significava que poderíamos evitar vender a nossa casa. Havia muita coisa em jogo, então ficamos evidentemente aliviados quando os clientes, três dias depois de ver a propriedade, confirmaram que queriam comprá-la. Após a confirmação, passamos cinco semanas trabalhando em ajustes com arquitetos espanhóis antes que os compradores voltassem para assinar o acordo de compra e venda.

Os clientes retornaram pela segunda vez para assinar o contrato. Tudo parecia bem, mas minutos antes de o assinarem, eles inesperadamente desistiram. Meu coração acelerou, minha boca secou e eu fiquei petrificada, totalmente sem palavras. Eu só conseguia pensar em como seria possível resolver nossa situação financeira. Eu fui invadida pelo medo do futuro e sentia que a vida tinha me decepcionado, ou, como colocou Mercedes, que Deus havia me abandonado. Se eu tivesse sido capaz de acreditar que a vida se resolveria da melhor maneira possível diante de qualquer obstáculo, eu não teria sido dominada pelo medo daquela maneira. Assim como Mercedes não sabia de antemão que o exílio lhe abriria novas portas e expandiria sua carreira e sua repercussão, eu não tinha ideia de que nossos clientes nos haviam feito um tremendo favor; levaria cinco anos até que eu compreendesse que se tratava de uma bênção disfarçada.

O primeiro desafio foi voltar para a Dinamarca, já que não tínhamos dinheiro para abastecer o carro para a jornada de três mil quilómetros. Felizmente, um grande amigo ajudou-nos com um empréstimo, então carregamos o carro e rumamos para norte. Não falamos muito – nossas mentes ainda estavam processando o que havia acontecido. Era começo de primavera na Espanha. À nossa esquerda, as encostas da Sierra Nevada ainda estavam salpicadas de neve, enquanto à direita as amendoeiras e limoeiros floresciam esperançosos, mas nós já não tínhamos mais esperança.

Chegamos em casa numa manhã gélida e enevoada de fevereiro, e quase que imediatamente começamos a esvaziar o sótão e encaixotar as coisas, desesperados para vender a casa rapidamente, antes que fossemos forçados a vendê-la em um leilão judicial. Mas levou um ano e meio até conseguirmos. Enquanto isso, os preços das casas baixaram e acabamos com uma dívida que não sabíamos como pagar. Estávamos dispostos a aceitar qualquer emprego que conseguíssemos. Arranjei um trabalho como agente comercial dos relógios Camel, Rodania, Mondaine e Luminox. Eu visitei todos os ourives da Jutlândia, a maior região da Dinamarca, para descobrir que a crise também os havia afetado. Ninguém queria comprar novas mercadorias antes de vender o que tinha em estoque. Eu trabalhava por comissão e tinha que pagar a gasolina por conta própria. As minhas comissões só pagavam as despesas com o combustível, então acabei trabalhando por quatro meses sem nenhum faturamento real. Meu marido havia começado a entregar jornais, mas depois de três meses, não lhe pagaram salário algum. Algo suspeito estava acontecendo. Nós morávamos perto do depósito e certa noite o vimos em chamas. Descobriu-se que o patrão dele havia tentado fraudar a seguradora e foi condenado à prisão, acusado de incendiar o prédio. A empresa fechou e meu marido nunca recebeu.

Eu consegui um emprego de meio período como recepcionista em um centro de conferências, mas além disso não tivemos praticamente nenhum rendimento por quase três anos. A Dinamarca é conhecida por ter um bom serviço social, mas que não se aplica a pessoas com negócio próprio, como nós. Permanecemos com a nossa empresa, já que ainda tínhamos alguns poucos grandes investidores interessados em comprar propriedades de luxo. Quando lemos nos jornais que um cliente, um dos maiores investidores da Dinamarca, tinha ido à falência, decidimos por fim fechar. Fomos obrigados a fazer empréstimos, mas não podíamos contrair mais dívidas a longo prazo. Não tínhamos dinheiro nem para o básico, como comida e cuidados médicos. Eu não comprava ossos sem carne no mercado, como fizera Mercedes, mas comprava comida prestes a vencer, para pagar menos, e revirava a casa atrás de moedas ou coisas para vender antes de ir às compras. Apenas poucas pessoas sabiam da nossa situação, mas estas nos apoiavam e apareciam na porta de casa com caixas de comida. Durante pelo menos dois anos vivemos basicamente de doações de amigos e família. Foi uma experiência tocante, embora receber apoio sobretudo de pessoas que não tinham uma reserva financeira substancial não tenha sido sempre fácil. Eu me identifico com a experiência pela qual passou Mercedes de sentir-se profundamente comovida com a solidariedade que seus amigos artistas lhe demonstraram quando estava sozinha com Fabián, passando por dificuldades financeiras após divorciar-se de Oscar Matus.

Nós estávamos de fato em uma situação vulnerável. Eu acordava à noite com o coração acelerado e não conseguia voltar a dormir. Estava preocupada com o que seria de nós caso a venda da casa demorasse muito. Para lidar com isso, eu tinha que focar no momento presente e agradecer o simples fato de estar viva, como Mercedes disse certa vez. Senti-me encurralada, como na história do monge que saiu para uma caminhada na floresta e foi perseguido por um tigre faminto. O monge viu-se forçado a descer um desfiladeiro agarrado a uma corda, mas, na metade do caminho, descobriu que a corda não era comprida o suficiente e que morreria instantaneamente nas pedras pontiagudas caso saltasse. Acima dele, o tigre ainda aguardava, ávido pelo seu almoço. Enquanto o monge tentava decidir o que fazer, ele avistou dois camundongos roendo a corda e percebeu que não tinha saída. Ele então notou um morango que brotava de uma pequena fenda na parede do desfiladeiro, a apenas um braço de distância. Esticando-se, ele apanhou-o e comeu-o, e então disse: "Esse é o melhor morango que já comi em toda a minha vida". Eu também não conseguia resolver a nossa situação, mas comecei a comer muitos morangos.

O ESTRESSE pelo qual passamos afetou meu marido também, mas nós reagimos à pressão de maneiras diferentes; ele ficou emocionalmente paralisado e eu me tornei hiperativa. Teria sido fácil para nós culparmos um ao outro por fazer demais ou de menos. Em vez disso, passamos muito tempo conversando sobre como a situação nos afetava. Começamos a entender que havia uma relação direta entre a forma como reagíamos agora e como tentamos sobrevier durante a infância. Também notamos que nossas diferentes reações desencadeavam algo em cada um de nós. Quanto mais paralisado ficava meu marido, mais eu tentava consertar as coisas, e quanto mais eu tentava consertar as coisas, mais travado ele ficava. Olhando para trás, vimos como as nossas angústias nos empurraram para uma plenitude pessoal e estreitaram o nosso relacionamento à medida que novos conhecimentos sobre nós mesmos e um em relação ao outro emergiam. Acabou sendo uma oportunidade para que ouvíssemos com atenção e desenvolvêssemos empatia. Sem empatia, poderíamos facilmente ter falhado um com o outro. Em vez disso, aprendemos como duas pessoas podem estar na mesma situação, chegar a diferentes conclusões e reagir de formas diferentes sem que uma das partes esteja certa ou errada simplesmente pelo modo de ver as coisas. Compreender as narrativas um do outro e através de que lentes cada um estava vendo as coisas contribuiu para que nos apoiássemos mutuamente. Isso avivou nosso amor e evitamos discutir e culpar um ao outro, exatamente como o líder espiritual Thích Nhất Hạnh colocou de forma tão bonita:

"Quando se planta alface, se ela não cresce bem, não se culpa a alface. Procura-se as razões pelas quais ela não está crescendo. Pode ser que precise de fertilizante, mais água ou menos sol. Nunca se culpa a alface. No entanto, se temos problemas os amigos ou a família, culpamos a outra pessoa. Mas se soubermos como cuidar deles, crescerão bem, como a alface. Atribuir culpa não traz absolutamente nenhum efeito positivo, tal como tentar persuadir usando a razão e discutindo. Essa é a minha experiência. Sem culpa, sem razão, sem discussão, apenas compreensão. Se você compreende, e mostra que compreendeu, você pode amar, e a situação mudará".

EM 2010, depois de fechar as nossas empresas, fui diagnosticada com fadiga crônica. Assim como Mercedes, minha saúde foi prejudicada pela combinação de trabalho excessivo, a repressão dos meus sentimentos e os fardos mentais que que carreguei durante a vida. Eu nunca recebi tratamento médico, exceto por causa do meu distúrbio do sono e dores de cabeça. O retorno que tive dos médicos especialistas foi que estava tendo uma reação normal a uma vida anormal.

A capacidade laboral do meu marido também foi afetada, e com base em entrevistas e testes, médicos e especialistas concluíram que nenhum de nós estava apto para trabalhar e que não havia cura. Como resultado, fomos os dois forçados a uma aposentadoria precoce, embora ainda estivéssemos na faixa dos quarenta anos. Sentimo-nos presos e não conseguíamos ver uma saída. Foi como se todas as portas tivessem se fechado para nós. Normalmente, eu teria um plano B e C, mas dessa vez não consegui encontrar um caminho, o que foi difícil para uma pessoa acostumada a resolver problemas, como eu. Eu estava em uma situação que não podia resolver, e foi assustador para mim perder o controle da minha vida. Sem dúvida era um alívio receber a aposentadoria, mas aceitar a nossa condição envolveu um sofrimento enorme. O que aconteceria com os nossos sonhos de mudar para um país exótico e ter liberdade financeira se não podíamos mais trabalhar? E pagar nossas dívidas não parecia possível por mais um bom tempo.

A pressão financeira, mais do que todo o resto, me derrubou completamente. Cheguei em um ponto onde não podia ter o pulso acelerado ou aguentar a mais ínfima quantidade de pressão ou emoção sem sofrer com ressacas. Meu corpo já não tinha forças e minhas habilidades cognitivas foram gravemente afetadas pelo estresse crônico e o nível de cortisol elevado. Eu sofria constantemente de fortes dores de cabeça e era extremamente sensível ao barulho. Só podia estar com uma pessoa por vez e não conseguia participar de uma conversa se houvesse qualquer barulho de fundo, fosse uma música ou outras pessoas falando. Por ter sido missionária, professora e representante comercial, eu tinha convivido com tanta gente que me sentia extremamente cansada pelo simples fato de estar com outras pessoas, mesmo as que eu mais estimava. Às vezes eu tinha que interromper uma conversa para dizer que precisava de uma pausa porque meu cérebro não conseguia lidar com mais informações. Quando ia às compras, evitava os grandes supermercados, onde perdia com facilidade meu senso de direção e ficava exausta só de procurar o que precisava.

Mas a pior de todas as ressacas era a sensação de não estar presente. Eu sentia que via o mundo através de um vidro ou que assistia a minha vida do lado de fora, como se fosse um filme. Da mesma forma que a negação impediu Mercedes de encarar sua dor, a minha desconexão foi um mecanismo de defesa que meu cérebro encontrou para distanciar-me da minha angústia. Cada vez que eu passava por uma experiência traumática, sentia como se tivesse perdido um pouco da minha conexão comigo mesma.

Durante esse período, eu não mantive contato com a minha mãe. Conforme a pressão sobre mim aumentava e eu sentia as consequências do meu estilo de vida estressante, comecei a ver como minha infância tinha influenciado a minha vida adulta. O ambiente estressante no qual havia crescido, devido à doença da minha mãe e à falta de apoio emocional, levara ao início do meu esgotamento, pelo que culpei a minha mãe. Sentia que ela me havia feito carregar fardos grandes demais para uma criança. Também compreendi o que perdera durante minha infância e juventude. Foi um processo penoso e eu precisava de um tempo para sofrer e descarregar a minha raiva.

Eu estava prestes a perder também meu futuro, e estava desesperada para recuperar a minha vida — e não aquela movida a adrenalina que eu conhecia. Eu precisava aprender a viver desde o início. Precisava deixar de ser uma máquina e me tornar um ser humano. Durante muito tempo eu ouvira o sussurrar da minha alma dizendo-me que não me sobrecarregasse tanto. Eu estivera muito ocupada para escutá-la, ou simplesmente não estava preparada.

Foi sob essas difíceis circunstâncias, esgotada fisicamente, emocionalmente e financeiramente, que ouvi falar de Mercedes Sosa pela primeira vez. Meu encontro com ela se tornou o catalisador da minha jornada de volta à vida. Como canta Leonard Cohen na música "Hino": *Em tudo há uma fenda; é assim que a luz entra.* Mercedes Sosa se tornou o feixe de luz que brilhou através das minhas fendas.

Minha jornada de cura com Mercedes Sosa

FOI EM 4 DE OUTUBRO de 2009, quando sua morte foi anunciada no noticiário, que eu vi Mercedes Sosa pela primeira vez. Era um curto vídeo onde ela cantava "Gracias a la vida" em um show acústico na Suíça em 1980. O clipe durou menos de um minuto, mas foi o suficiente para despertar a minha curiosidade. Eu simplesmente tinha que saber mais sobre aquela mulher, então corri para o computador para pesquisar sobre ela na internet. No dia seguinte, recebi o e-mail de uma mulher adorável que conhecera em uma casa de campo durante as férias na Áustria três meses antes. O que ela escreveu atiçou ainda mais a minha curiosidade:

"Ontem faleceu Mercedes Sosa, uma cantora argentina. A intensidade, a honestidade e as convicções dela me lembram você! Eu sinceramente acho que o mundo está perdendo uma mulher muito poderosa, corajosa e honesta. Espero de verdade que esta energia perdure neste planeta, ou quem sabe possa crescer".

A primeira coisa que me impressionou em Mercedes foi sua autenticidade. Eu podia sentir que ela era uma pessoa extremamente íntegra. O que ela expressava parecia estar em completo acordo com quem ela era. Eu podia sentir o amor que dela emanava, ela me tocou profundamente. Lágrimas começaram a rolar pelo meu rosto enquanto eu a assistia e ouvia suas músicas. Fui atraída principalmente por seus olhos. Tive que pausar a tela do computador para ver de perto sua expressão. Vieram mais lágrimas. Eu sentia que ela olhava diretamente para mim, e com muito carinho. Lembrou-me de como uma grande amiga, Pauline Skeates, uma psicoterapeuta da Nova Zelândia, olhara para mim certa vez durante umas férias em Budapeste.

Naquela noite em particular, jantávamos no famoso Hotel Gellert, desfrutando da vista sobre a cidade serpenteada pelo rio Danúbio. Estávamos apenas relaxando e nos divertindo depois de concluir um seminário para estudantes de psicologia na Romênia. Enquanto eu falava, o olhar da minha amiga se tornou subitamente muito intenso. Eu sentia que ela me olhava com admiração, então fiquei um pouco envergonhada e virei o rosto. Ela me pediu para olhar em seus olhos, e, com um olhar compassivo, disse que estava apenas refletindo o que havia visto em mim. Ela tinha na verdade identificado minha ferida emocional e oferecia-me aquilo que eu nunca recebera da minha mãe. Foi uma experiência linda, mas também provocou uma dor profunda. Eu sentia a necessidade de que minha amiga continuasse a olhar-me daquela maneira, mas como ela vivia do outro lado do mundo, isso não era possível. Com Mercedes Sosa, tinha a possibilidade de ser refletida a qualquer momento e por quanto tempo fosse necessário. Seu olhar me dizia: "Eu vejo você, e aos meus olhos você é maravilhosa".

Sentir o que era ser vista por quem eu era foi ao mesmo tempo doloroso e regenerador. Eu havia encontrado uma maneira de dar à garotinha dentro de mim todo o amor e cuidado que ela precisava e de me tornar quem eu teria sido se tivesse recebido essa atenção afetuosa na minha infância.

DEPOIS DE um tempo, eu percebi que Mercedes Sosa tinha um efeito tranquilizante no meu sistema nervoso, que havia sido sobrecarregado pelo estresse crônico desde a infância. O estresse não é necessariamente algo ruim, já que pode nos ajudar a ser mais produtivos, aumentando a energia e o foco, mas viver constantemente com altos níveis de adrenalina e cortisol, os hormônios do estresse, faz com que a reação do corpo de luta ou fuga esteja sempre ativa. Com o tempo, isso pode causar danos enormes tanto ao nosso corpo quanto ao nosso cérebro. O cortisol literalmente consome o cérebro, fazendo-o encolher. Isso afeta três áreas do cérebro: o hipocampo, o córtex pré-frontal e a amídala. O resultado é que a nossa memória, a capacidade de aprendizagem e o controle do estresse são prejudicados, assim como a nossa capacidade de tomada de decisão, nosso discernimento e as interações sociais. Enquanto isso, as conexões neurais na amídala, o núcleo do medo no cérebro, aumentam. Não é a sobrecarga ou o perigo extremo por si só que podem fazer com que os hormônios do estresse aumentem. Se o nosso entorno e nossos relacionamentos são disfuncionais e cheios de tensão, eles nos induzem a estar sempre alerta. Para uma criança, crescer com pais que não se dão bem ou tendo que lidar com a doença de um deles, como foi o meu caso, leva ao estresse constante.

Curiosamente, uma pesquisa revelou que há uma conexão entre o modo como lidamos com situações estressantes e o cuidado que recebemos na primeira infância. Um experimento com ratos mostrou que o acolhimento que a mãe deu ao rato recém-nascido foi um fator decisivo para a maneira como o bebê respondeu ao estresse no futuro. O bebê de uma mãe zelosa foi menos sensível ao estresse pois seu cérebro desenvolveu mais receptores de cortisol, o que amenizou a resposta ao estresse. Ao contrário dos bebês ratos de mães negligentes, que se tornaram mais sensíveis ao estresse ao longo da vida pelo fato de seus genes terem sido afetados. A má notícia é que o experimento mostrou que as reações ao estresse foram passadas de uma única mãe para várias gerações de ratos, sem que os bebês tivessem sido expostos ao estresse, mas a boa notícia é que se a mãe negligente fosse substituída por uma mãe zelosa, a sensibilidade do filhote ao estresse era revertida.[48] Pesquisas mostraram que a sensibilidade ao estresse pode ser revertida também em humanos, e eu acredito que ter sido acolhida mentalmente por Mercedes durante um tempo foi, de alguma forma, parte de um processo de reversão.

DEPOIS DE DESCOBRIR Mercedes Sosa, eu passei a praticar *mindfulness* diariamente, uma forma de meditação que aprendi com a minha amiga na Nova Zelândia. Eu me sentava em silêncio e respirava fundo, sem planejar que nada acontecesse; apenas prestando atenção ao momento presente e ao que se passava em minha mente.

Cientistas estudaram o cérebro de pessoas que praticaram esse tipo de meditação vinte e sete minutos por dia durante oito semanas. Eles descobriram que a prática aumenta a densidade do córtex pré-frontal, responsável por acalmar nossas reações emocionais instintivas, como o medo, e diminui o tamanho da amídala, o centro da resposta luta ou fuga no cérebro. Além disso, praticar *mindfulness* também faz com que o hormônio do estresse, o cortisol, diminua, e o neurotransmissor, GABA, que funciona como um freio de mão, desacelerando um cérebro agitado, aumente. Isso explica o elevado senso de paz e alívio causado pela meditação.

Eu quase sempre ouvia uma música de Mercedes enquanto meditava, e às vezes surgiam lembranças indesejadas. Quando situações desagradáveis ou mal resolvidas da minha infância vinham à tona, eu usava a minha imaginação para refletir sobre como teria sido se Mercedes estivesse lá comigo. Essa foi uma ferramenta que eu usei para amenizar uma parte da dor contida dentro de mim. Muitas vezes, eu encontrava no rosto de Mercedes uma expressão da qual eu necessitava para um determinado momento. Eu então pausava a tela do computador e falava com ela.

Mindfulness não é apenas sobre estar presente no agora; é também sobre estar presente de uma maneira gentil e sem julgamentos. Espontaneamente, eu comecei a acariciar meu rosto com as mãos em longos e demorados movimentos que seguiam o ritmo da minha respiração. Ser gentil e amável comigo e tocar minha pele de maneira carinhosa, permitiu que eu me conectasse comigo mesma e me sentisse mais presente, pois provocou a liberação da oxitocina no meu corpo. Ter uma atitude de amor e aceitação em relação a mim virou parte da minha meditação diária e uma das chaves para minha recuperação.

A meu ver, Mercedes sabia como ser cuidadosa e carinhosa consigo. Ela muitas vezes colocava a mão sobre o coração enquanto cantava de olhos fechados, como se estivesse abençoando-se e sendo gentil consigo mesma. Ela provavelmente só estava seguindo sua intuição, assim como eu.

Demonstrar gentileza tem sido considerada uma ação tranquilizadora e que combate os efeitos do estresse, seja ela dirigida aos outros ou a si mesmo. A dra. Anna M. Cabeca, ginecologista e obstetra certificada e especialista em saúde da mulher nos Estados Unidos, descreve a relação entre a oxitocina e o cortisol como duas crianças em uma gangorra. "Quando uma sobe, a outra é forçada a descer"[49], ela diz. Foi exatamente isso que aconteceu comigo. Quando eu meditava com uma atitude de amor e carinho comigo mesma, isso me acalmava, e lágrimas de alívio rolavam pelo meu rosto conforme eu permitia que uma lembrança emergisse sem que eu a julgasse ou tentasse fazê-la desaparecer. Eu viajei no tempo desde a infância até a época em que me tornei adolescente. Com a ajuda da prática de *mindfulness* e da imaginação, Mercedes e eu reescrevemos as histórias juntas, de uma forma que diminuiu o impacto dos traumas. Em seguida, eu escrevi essas lembranças e imaginei situações. Estes são três registros que ilustram o que compartilhei com Mercedes conforme a imaginava ao meu lado:

Um

Tenho oito anos. Minha mãe chateou-se e foi embora, e eu estou com medo. Quando ela vai voltar? Eu fiz alguma coisa errada? O que posso fazer para agradá-la quando ela voltar? Como posso fazê-la feliz? Estou chorando por dentro, mas não quero que meu pai veja. Ele provavelmente não vai saber o que fazer se eu começar a chorar. Eu seguro minhas lágrimas enquanto ele lê um conto de fadas para mim, mas não o escuto. Eu estou em outro lugar e tudo que sinto é dor e medo. Decidimos fazer uma pequena surpresa para a mamãe; talvez isso a deixe feliz quando ela voltar. "Mercedes, por favor, me abrace e me diga que vai ficar tudo bem. Me leve com você. Me tire daqui. Me diga que não há problema em chorar."

Dois

Tenho doze anos. Estamos sentados à mesa de jantar. Eu estou tentando criar uma boa atmosfera e manter a conversa, mas estou tensa porque não sei como a refeição vai acabar. Eu já sinto a tensão na sala. Será que minha mãe vai explodir, deixar a mesa e se trancar no quarto? Se ela o fizer, como eu faço para que ela abra a porta? Estou diante da porta trancada, tentando algum contato com ela, mas só há silêncio. Se ao menos ela falasse comigo. Eu chamo por ela, mas ela não me responde. Eu saio para caminhar e me sinto tão só. Se ao menos eu pudesse falar com alguém, mas não quero que ninguém saiba que minha mãe está tendo problemas. É um segredo. "Agora você está aqui comigo. Eu não preciso carregar o fardo sozinha, e dividir o segredo com você me traz alívio."

Três

Tenho sete anos. É meu primeiro dia de aula. Sou a última aluna de cerca de cem crianças a ser chamada para a classe. Penso que ninguém me quer. Eu não sei que meu sobrenome começa com uma das últimas letras do alfabeto e que somos chamados por ordem alfabética. Mercedes se aproxima e para perto de mim. Ela segura minha mão naquele grande corredor em meio a todas aquelas pessoas. "Ser a última aluna a ser chamada para a classe não tem nada a ver com ninguém te querer. Você é uma garotinha preciosa e é muito especial", ela me assegura.

Depois de cada jornada de regresso à infância, eu pedia a Mercedes que me apoiasse e me envolvesse em seus braços enquanto eu continuava minha retomada rumo à plenitude. Expressar as minhas necessidades e manter-me firme a elas, algo que nunca fiz quando criança, teve por si só um efeito reparador. Eu imaginava como Mercedes me responderia, o que ela me diria, como ela olharia para mim, me confortaria e enxugaria minhas lágrimas. A solidão e o medo que sentia na infância foram substituídos por alívio e paz.

Mas como eu consegui sentir a essência de Mercedes Sosa, usá-la para minha cura interior e imaginar um relacionamento com ela? Eu decidi pesquisar para entender o motivo de a recuperação estar acontecendo, e descobri a resposta na neurociência. Nos últimos anos, os neurocientistas vêm explorando o modo como os humanos compartilham um sistema de neurônios-espelho. Os neurônios-espelho foram descobertos por acaso nos anos 1990, por um pesquisador que estudava cérebros de macacos em seu laboratório. Um dia, ele voltou do almoço tomando sorvete e percebeu que o cérebro de um macaco que já estava preparado para um teste teria sido acionado exatamente da mesma maneira que se o próprio macaco estivesse tomando o sorvete.

Isso também se aplica ao cérebro humano, e são os neurônios-espelho que possibilitam que nos identifiquemos com o que outras pessoas estão sentindo e pelo que estão passando; sem eles, não conseguiríamos demonstrar empatia. Daniel Siegel, professor de psiquiatria clínica na Faculdade de Medicina da UCLA e pioneiro na área de neurobiologia interpessoal, explica como os neurônios-espelho possibilitam que nos conectemos com outras pessoas. Quando alguém se comunica conosco, os neurônios podem disparar e dissolver a barreira existente entre nós, assim conseguimos compreender o estado de espírito da outra pessoa e desenvolver empatia. Os neurônios-espelho "...captam de forma automática e espontânea informações sobre as intenções e sentimentos daqueles que estão à nossa volta, criando ressonância emocional e imitação comportamental conforme conectam o nosso estado emocional com aqueles ao nosso redor, mesmo sem a participação da nossa mente consciente"[50], escreve Siegel.

Essa descoberta é respaldada pelo trabalho do dr. Stephen Porges, da Universidade de Illinois, em Chicago, sobre o Sistema de Envolvimento Social (SES). Porges estudou como funciona a conexão entre indivíduos. Ele esclarece como olhar para o rosto de outra pessoa tem um enorme efeito sobre nós e explica que uma "neurocepção de segurança" é comunicada por meio do nervo vago. O nervo vago está intimamente ligado com a nossa resposta compassiva. Ele é responsável pelo nosso centro nervoso interno — o sistema nervoso parassimpático — e funciona como um walkie-talkie, enviando intuitivamente, através de impulsos elétricos, mensagens para o cérebro sobre como estamos nos sentindo. Ele também é responsável por controlar a frequência cardíaca e fazer a comunicação com os músculos faciais, especialmente aqueles ao redor da boca e dos olhos. O sistema de engajamento social funciona automaticamente e capta sinais de outras pessoas, como a linguagem corporal, características da voz e expressões faciais. Em um nível profundo de inconsciência, nós temos a capacidade de discernir se um sorriso é sincero ou não e se podemos nos permitir estar seguros o suficiente para nos conectarmos com uma outra pessoa. Quando o fazemos, a liberação de oxitocina aprofunda a experiência.

Caso o sistema de engajamento social goste do que vê e ouve, ele nos acalma. O terapeuta e comandante de companhia aérea Tom Bunn usa ativamente o sistema de engajamento social quando trabalha com pessoas que tem medo de voar. Ele pede a seus clientes para explorarem uma memória em que a expressão facial de alguém tenha feito com que o sistema de engajamento social controlasse ativamente a ansiedade. Ele então diz a este cliente para associar o rosto dessa pessoa a todo o processo do voo, desde a decolagem até o pouso. Quando os diversos momentos do voo são associados a memórias vívidas do rosto de uma pessoa e os sinais são enviados para o sistema de engajamento social, isso acalma a resposta ao estresse e ajuda a controlar a ansiedade.[51] Sem saber disso, eu estava intuitivamente usando as expressões faciais de Mercedes para me acalmar de maneira semelhante.

Esses mecanismos humanos, os neurônios-espelho e o sistema de engajamento social, nos permitem enxergar a bondade inata em outra pessoa, e a ciência mostra que praticar a bondade amorosa e a compaixão aumenta o nosso bem-estar porque altera os circuitos do lado esquerdo do córtex pré-frontal, que é associado a sentimentos positivos. Ao focar minha atenção na beleza, no amor e na autenticidade que eu via em Mercedes Sosa, eu estava desenvolvendo empatia e praticando a bondade amorosa, e graças ao sistema de engajamento social, meu encontro com ela se tornou uma experiência arrebatadora que transformou a minha mente.

O MISTÉRIO sobre como Mercedes pôde ter um efeito tão benéfico em meu sistema nervoso é esclarecido por Siegel em seu livro *Mindsight*, onde ele descreve como "nossa receptividade, a sensação de estar seguro e ser visto, contrapõe-se com o reflexo de sobrevivência reativo luta-fuga-congelamento".[51] Meu reflexo de sobrevivência esteve ativado durante anos, e Mercedes fez com que ele fosse desativado, fazendo-me sentir segura e vista, ainda que isso tenha acontecido através da tela de um computador. Uma relação fictícia como a que eu tive com Mercedes Sosa não pode substituir relacionamentos reais, mas no âmbito da cura da "ferida da minha mãe", funcionou perfeitamente porque o cérebro não faz diferença entre o que é real e o que é interpretado. Às vezes o nosso cérebro percebe uma ameaça e nos prepara para a reação de luta ou fuga, mesmo não havendo perigo. Essa resposta de sobrevivência inerente acontece automaticamente, quer o perigo seja real ou não - o nosso cérebro quer apenas manter-nos seguros, o que explica o porquê de uma sombra que parece um cachorro grande ser tão assustadora quanto o verdadeiro cachorro para alguém que já foi mordido por um cão.

Assim como o *mindfulness*, a nossa imaginação também pode estimular o cérebro e o corpo. O simples fato de pensar em um limão pode criar as mesmas sensações e produção de saliva que teríamos se estivéssemos comendo o limão. Se usarmos a nossa imaginação para pensar sobre o que pode dar errado, como reprovar em um exame, por exemplo, isso pode causar dor de estômago e ansiedade. Como o cérebro está configurado para detectar o perigo, pensamentos negativos e angustiantes tendem a se fixar mais facilmente em nós do que pensamentos positivos. A boa notícia é que podemos usar deliberadamente a nossa imaginação para visualizar algo positivo e tirar vantagem do fato de que o cérebro pode ser condicionado a acreditar que algo é real. Imaginar Mercedes Sosa como uma mãe sensível criou uma resposta positiva que me tranquilizou tanto fisicamente quanto emocionalmente.

A razão pela qual Mercedes Sosa foi uma figura imaginária perfeita para mim foi, antes de tudo, por ela ser uma mulher que se encaixava perfeitamente no papel de mãe. Ela irradiava compaixão, bondade e empatia, o que fez com que eu me sentisse acolhida e cuidada. Ela ter sido alguém que conheceu a dor e o sofrimento, e ainda assim sobreviveu, me proporcionou um sentimento de que ela era capaz de se identificar com aquilo pelo que eu passei e me deu esperanças de que eu também superaria as minhas dificuldades. Diferentemente do que eu havia passado na infância, Mercedes era forte, e na minha relação fictícia com ela, ela carregava os meus fardos, me mantinha segura e me protegia. Sua capacidade de acolher todo tipo de gente - de forma respeitosa e sem fazer julgamentos - me deu confiança para dividir os meus segredos com ela sem sentir vergonha. Eu me senti aceita e amada ao receber sua alegria e energia. Mesmo que tudo isso estivesse acontecendo em minha imaginação, meu cérebro percebia a experiência como real, e todo o meu ser reagia com bem-estar.

Como consequência, eu pude usar meu relacionamento imaginário para alterar os disparos neurais no cérebro e assim me libertar de padrões destrutivos repetitivos formados durante meus relacionamentos anteriores. A neurobiologia interpessoal alega que relacionamentos saudáveis são essenciais para o nosso desenvolvimento, e que é importante cuidar bem das nossas conexões com os outros porque relacionamentos positivos causam mudanças positivas que levam à cura.

Muito mais do que sabemos conscientemente, nossos encontros diários com outras pessoas moldam o cérebro para o bem ou para o mal porque trabalham juntamente com a mente e o cérebro como um todo e pode moldar o foco da nossa atenção e aquilo que imaginamos. O cérebro é o substrato físico da mente. Nossa mente regula o cérebro e envia um fluxo de informações que emergem das nossas relações com o sistema nervoso. Quando nossos relacionamentos estão sintonizados, eles permitem que o cérebro funcione bem e dê à mente um senso profundo de conexão e bem-estar.[51]

MINHA JORNADA com Mercedes acontecia de forma espontânea e privada, mas eu também fiz uma sessão de terapia com a Pauline Skeates, da Nova Zelândia, que se tornou a chave para minha recuperação. Durante a nossa sessão, eu imaginei a mim mesma novamente, dessa vez como uma jovem garota preparando-se para sair de casa. No início, eu estava dentro de casa com todas as tensões, mas então abri a porta da frente, passei para o lado de fora e comecei a me afastar. Eu virei-me algumas vezes para me despedir, e via minha casa tornar-se cada vez menor à medida que eu continuava a avançar, até que dobrei uma esquina e não consegui mais ver a casa. A Pauline então pediu que eu pegasse a garota em minhas mãos e a espremesse até ela diminuir, para então poder colocá-la em meu coração. Com a garota simbolicamente dentro de mim, comecei a falar com ela e a ouvir suas necessidades. Eu disse que tomaria conta dela, que não precisaria mais se preocupar comigo ou carregar nenhum fardo.

Eu era a adulta, e me certificaria de que suas necessidades fossem supridas, garanti a ela.

Aquele tornou-se um momento decisivo. Eu senti imediatamente uma mudança dentro de mim, como se o elo antinatural que tinha com a minha mãe tivesse sido rompido. A partir daquele dia, a sensação de que ela vivia sua vida dentro de mim desapareceu, e eu deixei de me sentir culpada ou triste por ela. A desconexão também se foi, e me senti outra vez conectada comigo mesma. Quando voltei da sessão e me olhei no espelho, pude ver novamente um brilho de vida em meus olhos.

A Pauline aconselhou-me a continuar falando com a garota dentro de mim por pelo menos três semanas para consolidar a mudança e alterar meu antigo modo habitual de pensar estabelecendo novos caminhos neurais. Neurônios são células que enviam sinais umas para as outras no cérebro, e, como diz o ditado: "Neurônios que disparam juntos, se conectam". Há cem bilhões de neurônios no cérebro e cada neurônio tem milhares de conexões com outros neurônios, o que significa que há trilhões de conexões neurais no cérebro. Quanto mais pensamos sobre uma coisa, mais forte fica essa conexão no cérebro. Conforme eu continuava a focar na minha nova perspectiva, novas conexões neurais foram formadas, que acabaram por mudar a minha percepção do passado.

Mindfulness, recentralização e imaginação são ferramentas poderosas por meio das quais é possível assumir o controle da nossa atenção e redesenhar os caminhos neurais do cérebro, que é como reescrevemos nossa história. Eu acredito que qualquer um pode reescrever sua história conectando-se com a sua criança interior. Reescrever uma história não é sobre negar nada; é sobre admitir o que realmente era estar em uma determinada situação e então mudar para outra melhor. Caso você se dê conta de coisas que lhe aconteceram na infância — coisas que afetam de forma negativa sua vida atual — talvez possa usar minha experiência como inspiração. Pode ser que o seu cérebro te proteja de memórias dolorosas e faça com que você pense que sua infância foi razoável se comparada a de outras pessoas. Mas lembre-se de que o que importa é a ameaça ou a negligência que seu cérebro captou. Tente estar aberto e curioso sem forçar para que algo aconteça, e permaneça atento àquele que é o melhor caminho a seguir. Se não conseguir pensar em alguém que possa usar como seu pai ou mãe imaginários, pode procurar a fotografia de uma pessoa com uma expressão que desperte uma reação positiva em você e usá-la em seu processo de cura. Se não conseguir encontrar essa foto, tente imaginar a si mesmo como um adulto amoroso e carinhoso e imagine o que diria e o que faria pela sua criança interior em uma determinada situação.

MINHA FERIDA estava cicatrizando, mas eu estava tão mal de saúde que durante três anos não consegui fazer muita coisa. Eu me obriguei a fazer caminhadas lentas e curtas todos os dias ou a nadar um pouco. Mal conseguia socializar. Quando encontrava alguém, era uma pessoa por vez e durante não mais do que uma hora. A única coisa que conseguia fazer sem ficar exausta era ouvir música, e geralmente só músicas acústicas, o que significava que na maioria das vezes eram apenas canções da Mercedes. Eu comprei todos os CDs dela e fiz listas no computador com as minhas favoritas para usá-las como parte das minhas meditações. Eu tinha uma lista para paz, esperança e conforto e outra para alegria, força e energia. Alguns dias era uma música em particular que eu ouvia repetidamente. Eu passava horas diariamente ouvindo as músicas da Mercedes e descobri que a música se tornou o meu remédio. Enquanto a ouvia, comecei também a desenhar os retratos que estão neste livro.

Que música terá um efeito terapêutico para cada indivíduo vai variar de pessoa para pessoa, mas não se pode superestimar o valor da música para o nosso bem-estar. O que ela faz é nos dar um rumo para entrarmos em contato com as nossas emoções e um caminho para expressá-las. Devido ao seu efeito atenuante, ela é agora usada em hospitais para trazer alívio aos pacientes. Os cientistas ainda estão tentando descobrir o que acontece em nosso cérebro quando ouvimos música. Daniel Levitin, um proeminente psicólogo que estuda a neurociência da música na Universidade McGill, em Montreal, analisou o nível de ansiedade e cortisol em quatrocentos pacientes que ouviram música antes de passar por uma cirurgia. Ele descobriu que os pacientes que ouviram música tiveram níveis mais baixos de ansiedade e cortisol do que pessoas que tomaram remédios.[52]

Outro pesquisador, candidato a pós-doutorado na Faculdade de Medicina da Universidade de Stanford, Daniel Abrams, afirma que a música estimula atividades na parte do cérebro que libera a dopamina, substância química que gera a sensação de bem-estar. Quando a dopamina é liberada no sistema límbico, é associada com o prazer, mas quando liberada nos lobos frontais, ajuda a aumentar a atenção, o planejamento, o movimento e a memória.[53] Não é de se admirar que a música possa afetar nosso humor, despertar memórias e estimular ligações amorosas quando utilizada com essa intenção, como aconteceu comigo.

Eu não sabia nada sobre isso tudo na época do meu processo de cura, é claro. Simplesmente aconteceu enquanto eu intuitivamente seguia o caminho trilhado antes de mim. Ao ouvir Mercedes Sosa, meu corpo relaxava, as músicas acalmavam minha alma e eu sentia um grande conforto dentro de mim. A voz dela fazia com que eu sentisse que não ouvia apenas música, mas a própria vida em sua essência. Mercedes sabia muito bem que sua voz tinha esse efeito sobre as pessoas. Ela disse certa vez em uma entrevista: "Eu sei o que acontece com a minha voz quando canto. Minha voz é usada como um consolo para muitos".[3]

Certamente o consolo e a cura que dela emanavam é que fazia muitas pessoas na plateia chorarem e a verem como uma figura materna. Como vimos na parte um, até a própria Mercedes sentia que estava sendo curada quando cantava.

*E*U HAVIA CONSEGUIDO anular as memórias dolorosas da minha infância, mas ainda sofria com uma das minhas experiências mais traumáticas vinte e três anos depois de ela ter acontecido. O trauma não foi infligido pela minha mãe, mas pela pessoa que questionou minha integridade quando eu era uma líder de equipe na Índia. Aquilo de que fui acusada estava diretamente ligado à minha ferida emocional — a necessidade que eu tinha de um amor materno. Na época, eu não sabia que tinha uma ferida emocional, mas hoje entendo a conexão. Eu precisava superar aquela experiência e, novamente, falei com Mercedes sobre isso:

Mercedes, tenho outra coisa para te contar. Em 1988, aconteceu algo que me magoou profundamente. Naquela época, eu perdi a confiança inocente que tinha nas pessoas, minha saúde e minha capacidade de dormir. Te peço para estar comigo naquela casa flutuante no Lago Srinagar, na Caxemira, onde tudo aconteceu. O que você faria e o que me diria naquela situação?

Eu a vejo lá. Quando as palavras são ditas, você apenas olha para mim com muita empatia e compreensão. Mas também vejo dor em seus olhos, porque sabe que algo está sendo destruído no meu âmago. Sem dizer nada, você se levanta e vem em minha direção. Diante de todos, você se curva e me beija na testa e nas bochechas, depois segreda em meu ouvido: "Não é verdade. Não acredite nisso. Eu sei que o que você precisa é do amor materno que nunca recebeu, e estou aqui com você para dar-lho".

Você então me envolve em um abraço acolhedor e promete ficar comigo a noite toda e por quanto tempo eu quiser. Sentada ao pé da cama, você canta para mim músicas de conforto e cura. Você me diz que não há problema em precisar de uma mãe, mesmo agora. "Pode me procurar sempre, não importa a idade que tenha. Você é a alegria do meu coração. Absorva todo o meu amor. Envolva-o à sua volta como um cobertor para protegê-la das decepções da vida", eu te ouço dizer.

Hoje eu sei que você estava lá comigo, embora eu não pudesse vê-la. Mas te peço para estar comigo agora, para curar meu coração e a minha memória. Você me convenceu de que não há nada de errado comigo; eu não fiz nada de errado. Eu só precisava ser amada da forma como deveria ter sido amada pela minha mãe quando era uma garotinha. Entender isso está me libertando.

Durante a minha jornada, costumava ouvir muitas vezes a linda canção "This is to Mother You" (Isso é amar você), de Sinead O'Connor. A letra colocou em palavras a experiência que tive com Mercedes Sosa:

"Isso é estar com você
Te abraçar e beijar
Pois quando precisar de mim, eu farei
O que sua própria mãe não fez
Que é amar você".

Através do olhar compreensivo de Mercedes Sosa, eu fui amada, refletida, cuidada e aceita de uma forma que curou a minha ferida emocional.

A cura levou entre quatro e cinco anos, e da última vez que a escrevi, a diferença em mim era perceptível. Mudanças profundas e duradouras aconteceram de forma inusitada e inesperada.

Querida Mercedes,

Essa tem sido uma longa, cansativa e desafiadora jornada. Ainda me sinto exausta, mas você está me ajudando a aceitar a vida como ela é. Eu não me sinto mais uma vítima, sou uma sobrevivente, como você. Você apareceu para mim de uma forma única. Eu não a conheci pessoalmente, mas a reconheço constantemente. O meu coração alcançou o seu. Eu a conheço e a sinto. Você me tocou profundamente desde o início, mexeu com os meus sentimentos e me fez despertar. Você me ensinou a viver com coragem, pois permiti que a intensidade da sua ternura e compaixão me curasse. Você me deu forças para lutar, sentir, viver e amar, e eu estou assumindo a minha história e tudo o que passei na vida. Permaneço fiel ao que sou e às escolhas que fiz. Não sinto vergonha alguma, e me entrego em seus braços sabendo que sou amada por quem sou, confiante de que você me aceita como sou.

Conclusão

A VIDA DE MERCEDES SOSA ressalta a importância de confiarmos na intuição. Quando ouvimos nossa voz interior, ela pode levar-nos a ser mais firmes e capacitar-nos para enfrentar as adversidades da vida de cabeça erguida. Muito antes dos conceitos de *mindfulness* e autocompaixão serem conhecidos no mundo ocidental, Mercedes intuitivamente já vivia dessa forma. Sua extraordinária habilidade em apresentar-se com o espírito aguçado e uma precisão passional mostra que ela vivia o momento presente. Além disso, ela podia expressar seu verdadeiro eu sem depender da confirmação dos outros porque aprendera a ser gentil e compreensiva consigo mesma.

Se não tivermos sido vistos e acolhidos por quem somos, e aprendido a ter compaixão para conosco, provavelmente acabaremos dependendo das curtidas e rejeições dos outros. Podemos sacrificar nossa autenticidade ao não nos expressarmos plenamente. Nossa identidade é muito mais importante do que o nosso talento. O talento é expresso pelo *fazer*, enquanto o DNA é expresso pelo *ser*. Mercedes tem consciência disso. "Há coisas que são mais importantes do que as cordas vocais. É o que se sente quando se produz um som, o sentimento de amor e de solidariedade com os outros. Não se trata de técnica. É sobre o que está dentro de nós", ela explica em uma entrevista telefônica com Don Heckman para o LA Times em 1995.

Sosa tinha evidentemente um talento notável, primoroso e supremo, que lhe abriu portas para influenciar a política e a cultura no mundo inteiro, mas ela também possuía a capacidade de se conectar com as pessoas de uma maneira inédita entre as figuras públicas de seu tempo. Quer estivesse na presença de presidentes, pobres imigrantes, crianças ou camponeses, ela era sempre respeitosa, atenciosa e presente. O grande segredo por trás de seu impacto era de fato a autenticidade — a forma como expressava suas qualidades inatas.

Muito provavelmente foi a criação de Sosa em uma família amorosa e acolhedora, aliada à sua disposição em ser moldada pela resistência e o sofrimento enfrentados, que fomentou sua autenticidade. No entanto, para aqueles de nós que não tiveram uma infância segura e amorosa, ainda é possível viver uma vida autêntica, se confrontar com o passado e abraçar seu eu pouco ou muito machucado. Todos temos guardado algo único que precisamos encontrar uma maneira de expressar porque, mesmo sem ter nenhum talento extraordinário, ainda podemos fazer a diferença na vida de alguém. Quando nos aproximamos de alguém, a probabilidade é que o amor que flui através de nós também nos traga a cura no processo.

Mercedes provavelmente nunca ouviu falar sobre neurobiologia interpessoal, mas ela deve ter sentido intuitivamente o poder de cura do amor e da união. Foi o amor que a motivou a sair em defesa daqueles que estão à margem da sociedade. Ela canta para as pessoas porque as ama, e costumava exclamar ao público: "Ninguém pode e ninguém deve viver sem amor".[48] Unir as pessoas através do amor era a missão dela, e ela encontrava forças no amor que recebia dos outros.

Somente uma pessoa verdadeira, que tenha superado seu medo de rejeição, pode amar genuinamente os outros, e só uma pessoa que aceitou suas imperfeições e sua humanidade é capaz de receber amor. Só podemos ser plenamente amados se estivermos dispostos a ser plenamente vistos. Mas é preciso muita coragem para sair do nosso esconderijo e dizer: "Aqui estou", porque isso nos deixa vulneráveis. A vulnerabilidade é o preço a pagar por sermos amados e nos tornarmos verdadeiros. Se nos protegemos da dor, também nos desligamos da essência da experiência humana, do amor, da intimidade e da conexão. Sem vulnerabilidade, não é possível conectar-se verdadeiramente com o outro e saber o que é ser acolhido por quem somos.

Ninguém pode fazer a jornada interior em direção à plenitude por nós, mas todos podemos fazê-la melhor com a ajuda de alguém que nos apoie nessa jornada e que nos ame por quem somos. Conforme progredimos rumo à autenticidade, cultivamos nossa capacidade de empatia e nos engajamos na dança neural que nos conecta uns aos outros, podemos nos tornar o espelho que reflete a alguém a bondade e beleza que vemos nesta pessoa, assim como fez Mercedes. Como testemunhamos, Mercedes sabia como abraçar o inesperado e o diferente, fosse um dependente químico, uma pessoa com síndrome de Down, adolescentes barulhentos ou alguém com HIV. Sua habilidade em ver beleza nas pessoas e as acolher a faz parecer misteriosa, provavelmente porque o efeito de tão amável atenção é verdadeiramente poderoso para alguém que nunca a teve antes.

Certa vez, uma amiga me contou uma história adorável sobre sua filha de dois anos. Uma manhã, a filha acordou os pais de manhã cedo entrando no quarto de braços abertos e anunciando confiante: "Aqui estou eu!". Que maneira maravilhosa de existir neste mundo, segura de si, na expectativa ser acolhida por quem é. Todos nós precisamos de um lugar onde sabemos que somos bem-vindos. Foi isso que Mercedes fez a tantas pessoas enquanto esteve viva, e o que fez a mim após sua morte. Foi sua voz que lhe abriu caminho, mas foi sua habilidade em se conectar com as pessoas com amor, dizendo: *"Eu vejo você. Você é maravilhoso"*, que a tornou tão influente.

Mercedes Sosa merece permanecer na história como uma lenda mundial. Destacando-se por ser mulher, seu impacto vai muito além da música e da política. Seu coração materno alcança todos nós com cura, compaixão e aceitação. Sua voz ainda toca a alma humana. Vai além de qualquer fachada e encontra o lugar onde somos todos apenas seres humanos. Ela não é só a voz da América Latina, é a voz do mais lindo e profundo sentimento do mundo — AMOR! Ela é a voz dos humildes, daqueles que sofrem e dos que são esquecidos. Sempre em nossos corações, Mercedes nos dá forças para continuar sonhando com um mundo mais justo e esperançoso.

Epílogo

A ARGENTINA AINDA sofre com os fantasmas do passado. Em 1 de agosto de 2017, Santiago Maldonado, 28 anos, tatuador formado em belas-artes, desapareceu em uma manifestação pelos direitos indígenas na Patagônia, onde o povo Mapuche reivindicava seu direito ancestral a um pequeno pedaço de terra pertencente à Benetton, varejista italiana de roupas. Quando as forças de segurança apareceram disparando balas de chumbo e borracha nos manifestantes, alguns deles pularam no Rio Chubut para escapar. Santiago, que não sabia nadar, estava agarrado a uma árvore quando foi detido pela polícia, relatou uma testemunha. O ministro de segurança nacional negou o envolvimento da polícia e a polícia negou a detenção de Santiago.

O desaparecimento gerou protestos massivos ao redor do país. Os argentinos manifestaram-se nas mídias sociais e organizaram protestos em conjunto com a marcha semanal das Avós da Praça de Maio, que cobram pela memória, verdade e justiça em nome das crianças desaparecidas durante a ditadura. "Voltamos quarenta anos no tempo. Não posso aceitar isso", disse Rosa Tarlovsky de Roisinblit, 98 anos, vice-presidente das Avós da Praça de Maio.

Cristina Fernández de Kirchner, que visa voltar à presidência em 2019, critica duramente a reação do governo ao desaparecimento de Maldonado, dizendo já não acreditar mais na existência de um Estado de Direito na Argentina.

Maldonado se tornou um símbolo para diversos conflitos, dos direitos indígenas à repressão governamental, e reavivou memórias amargas da ditadura militar argentina de 1976-83. Seu desaparecimento pressionou o governo de centro-direita do presidente Mauricio Macri, que tem tentado minimizar os crimes da ditadura Argentina. Quando perguntado pelo repórter de um jornal argentino se ele achava que o número de desaparecidos durante a ditadura era de trinta mil, Macri respondeu: "Eu não tenho ideia. Se foram nove mil ou trinta mil, eu acho que é uma discussão que não faz sentido".

O corpo de Santiago foi encontrado setenta e oito dias depois no Rio Chubut. Ninguém foi responsabilizado pelo crime e o único policial indiciado foi promovido pelo ministério da segurança. Em dezembro de 2017, um relatório publicado pela Coordenadoria Contra a Repressão Policial e Institucional indicou que a Argentina estava passando pelo pico mais violento de repressão desde 1983. Se Mercedes Sosa ainda estivesse viva, acredito que estaria chorando pela Argentina, manifestando-se contra a injustiça, cantando esperança em meio ao desespero das pessoas e unindo-as e confortando-as com um caloroso abraço.

APÓS UM PERÍODO de afastamento, minha mãe e eu restabelecemos a nossa relação. Quando lhe contei sobre a minha infância conturbada, ela no início entrou em negação e sentiu pena de si mesma, mas quando percebeu quão sério era meu estado de saúde, se arrependeu e pediu perdão. Ela também me agradeceu por todas as coisas que eu havia feito por ela ao longo dos anos. Eu já estava curada, então pude dizer-lhe que compreendia como a vida com três filhos tinha sido difícil para ela quando mal conseguia dormir durante a noite. Eu disse que sabia que ela tinha feito o seu melhor e que também havia me dado coisas boas na vida. Agora eu podia enxergar a dádiva em tudo aquilo que acontecera comigo, e disse-lhe que era uma parte da jornada pela qual eu tinha que passar para me tornar quem sou.

Pouco antes da publicação deste livro, minha mãe adoeceu repentinamente e não conseguia mais cuidar de si. Eu fui para a Dinamarca e passei três meses cuidando dela antes de colocá-la em uma casa de repouso. No início, a ideia de voltar ao antigo papel de assumir a responsabilidade por ela outra vez me deixou desconfortável, mas vendo seu estado, o instinto de cuidado veio a mim naturalmente. Essa oportunidade inesperada de mostrar-lhe meu amor e compaixão se tornou uma linda experiência de cura. Em meio à sua fraqueza, ela fora atenciosa, grata e carinhosa. Senti que ela tinha a necessidade de recuperar o tempo perdido demonstrando seu afeto, e deixei que ela o fizesse. Ela chorava e dizia: "Eu não fui boa com você quando era criança, mas eu estava doente".

Apesar das adversidades, ela conseguiu agarrar-se à vida por mais três anos na casa de repouso. Quando falei com ela ao telefone na noite de Natal de 2019, ela disse que esperava poder viver por mais um ano. A vez seguinte que lhe telefonei foi em 1 de janeiro de 2020. Ela parecia muito desorientada e não conseguimos ter uma conversa normal, então chamei a enfermeira que a havia hospitalizado devido a uma pneumonia grave. Tive um forte pressentimento de que ela não resistiria dessa vez e comprei uma passagem para o dia 4 de janeiro. Enquanto fazia a mala, considerava que roupa usar caso fosse ao seu funeral. Cheguei na Dinamarca à noite e fui direto do aeroporto para o hospital. Minha mãe estava na UTI, mas consciente. Embora ela não conseguisse falar, seu olhar me dizia que ela me reconhecera. Foi um olhar que mostrou tanto reconhecimento quanto surpresa. Sem usar palavras, ela dizia: "Anette, você veio".

Eu passei a noite ao seu lado e vi quão doente ela estava, portanto foi uma surpresa para mim quando, poucos dias depois, a vi sentada tomando iogurte. Ela parecia lúcida e senti que era o momento certo para lhe dizer que todos nós a amávamos, que ela se saíra bem e que lhe éramos gratos. Mencionei cada membro da família pelo nome. Ela não conseguiu responder, mas acredito que tenha compreendido. Naquele dia, quando eu estava prestes a ir embora, ela ergueu a mão em minha direção num gesto carinhoso. Ela foi bastante persistente e queria que nossos dedos se tocassem. Seu rosto iluminou-se com um enorme sorriso e ela disse, com uma voz nítida: "Obrigada por hoje". Eu desabei em lágrimas em sua frente. Ao deixar o quarto, ela me chamou novamente, e quando me virei, vi seu rosto iluminar-se com um sorriso ainda maior enquanto ela repetia: "Obrigada por hoje". Eu soube imediatamente que aquele seria o último adeus. Queria que fosse. Eu sabia que com "hoje" ela queria dizer: "Obrigada por tudo o que compartilhamos na vida". Acabou por ser de fato nosso último adeus. Ela faleceu de manhã cedo, serenamente, enquanto dormia. Eu apressei-me para chegar ao hospital antes dos meus irmãos, pois precisava estar sozinha com ela por um tempo. Seu corpo ainda estava morno, eu a beijei, segurei sua mão, conversei com ela e despejei todo meu amor e gratidão com a sensação de que ela ainda estava ali. Sou muito grata por ter tido essas lindas últimas lembranças e vivências ao seu lado.

Os últimos três anos com a minha mãe provaram que a cura que compartilhei aqui realmente aconteceu. Não ficou absolutamente nenhuma mágoa, eu a admiro e respeito por ter sido capaz de mudar na velhice e sinto orgulho dela.

Eu não guardo nenhum ressentimento da mulher da minha equipe na Índia. Eu a encontrei posteriormente em diversas ocasiões e ela admitiu ter sido "um pouco dura comigo". Levou mais de vinte e cinco anos para que eu me libertasse daquelas palavras, mas hoje consigo falar sobre isso sem me sentir constrangida. A insinuação não me ofenderia com a mesma intensidade hoje, já que não vejo mais a orientação sexual como uma grande questão. Eu não permito que classe, idade, etnia, religião, sexualidade ou mesmo diagnósticos definam quem eu sou, e tento também não reduzir os outros a essas definições limitadoras. O lado bom da minha dolorosa experiência foi que me deu uma oportunidade para tomar consciência da minha ferida emocional e assim poder curá-la. Eu não estou mais ferida por dentro e não sou mais movida por uma necessidade de ser especial. Meu processo de cura terminou por enquanto e, caso alguma coisa agrave a ferida no futuro, eu saberei o que é e como resolver. Durante o processo, eu consegui me libertar da forma dualista de pensar e atualmente não sou tão exigente comigo mesma. Eu aprecio o meu corpo, dou ouvidos a ele e o trato melhor do que costumava fazer. Quanto mais compassiva me tornei comigo mesma, mais fácil foi acolher os outros.

Minha saúde ainda não está tão boa quanto eu gostaria, mas melhorou. Estou aprendendo a viver uma vida mais calma, sem me expor ao estresse ou à pressão. Eu tento focar nas coisas que *posso* fazer ao invés das que *não posso*, e aprendi a olhar para o benefício escondido nas minhas limitações. Eu sinto que recuperei um pouco da minha vida, embora de uma forma diferente.

Uma das dificuldades de viver com uma doença crônica relacionada a fadiga é que os outros não a conseguem ver a não ser que me conheçam muito bem. Tenho a tendência de subestimar o tamanho do meu cansaço e não gosto de parecer tão cansada quanto às vezes me sinto. Isso me ensinou que, para evitar mal-entendidos, é importante explicar para os outros o meu limite e o motivo pelo qual faço as coisas da forma que faço. Às vezes preciso que as pessoas próximas a mim me ajudem a cuidar melhor de mim mesma e a dizer à *workaholic* sempre à espreita para se afastar. Eu não conheço ninguém que tenha se recuperado da fadiga crônica, o que por um tempo foi bastante desanimador. Mas olhando para o meu processo, consigo ver progresso. A recuperação está acontecendo gradualmente. Eu ainda não consigo manter o ritmo por períodos longos, e o melhor jeito de me manter em forma é nadando, principalmente praticando *snorkel*, o que requer uma respiração profunda, como na meditação. Eu estava esperando uma recaída depois do árduo esforço de levar minha mãe para a casa de repouso, mas aconteceu o contrário, minha saúde evoluiu repentinamente. Eu consegui dormir sem precisar de comprimidos pela primeira vez em vinte e cinco anos. Passei a me sentir mais animada e até comecei a andar um pouco de bicicleta. Minha capacidade de socializar também melhorou. Eu ainda estou tentando entender o que aconteceu e acredito que possa ter uma conexão com a cura final que ocorreu na relação com a minha mãe. A minha história mostra que não importa o quão mal você esteja, é importante não perder a esperança porque, com o tempo, é possível alcançar algum grau de recuperação.

Uma das coisas mais incríveis que descobri é que a cura acontece mais rápido em relacionamentos saudáveis onde há um fluxo constante de bondade amorosa e generosidade. Focar no bem que vejo naqueles que estão a minha volta e ser capaz de me aproximar de alguém com quem me importo, seja emocionalmente ou financeiramente, elevou o meu bem-estar, meu sentimento de felicidade e propósito de vida. Por amor, eu fui motivada a fazer coisas que pensava estar cansada demais para voltar a fazer.

Escrever este livro é um fruto desse processo. Minha afeição pela Mercedes Sosa me estimulou com a esperança de que, quer sua história, quer a minha jornada, inspiraria e traria esperança a outras pessoas. Nunca pensei que fosse capaz de conseguir, e levou quase nove anos para concluí-lo, mas como foi prazerosa essa jornada — na maior parte do tempo.

Eu ainda sou apaixonada pela Mercedes Sosa e sua música, e espero poder visitar a Argentina um dia. Eu amo ouvir música latino-americana e inclui artistas como Soledad Pastorutti, León Gieco, Patricia Sosa, Lila Downs, Jorge Drexler e Pablo Milanés à minha lista de cantores latino-americano favoritos.

Meu marido e eu estamos juntos há dezenove anos. Agora estamos ambos no início da aposentadoria e seguimos pagando os débitos da venda da nossa casa e dos anos sem rendimento. A única forma possível de continuarmos a fazer isso durante a aposentadoria foi diminuindo nosso custo de vida. Depois de alguma pesquisa, chegamos a conclusão de que a Turquia seria o melhor país para isso. Em 2012 nos mudamos para uma cidade turística na costa do mar Egeu e ainda vivemos aqui enquanto escrevo este livro. Quando já não havia nada que pudéssemos fazer para realizar nosso sonho, ele surpreendentemente veio até nós quando acabamos por jogar a toalha. Uma grande lição sobre ousar se deixar levar e confiar na vida.

Um ano depois da nossa mudança para a Turquia, algo incrível aconteceu, que também foi uma continuação da minha jornada com Mercedes Sosa.

Certo dia, em agosto de 2013, eu voltava da praia quando passei em frente a uma pequena loja pela qual passo diariamente. Nesse dia em particular, notei um lindo vestido em *batik* turquesa pendurado do lado de fora. Como turquesa era minha cor preferida na época, decidi parar e experimentar. Até então, só tínhamos conhecido duas pessoas turcas que falavam inglês, então quando a moça da loja se aproximou e percebi que ela falava inglês muito bem, fiquei surpresa e muito feliz.

Também fiquei um pouco chocada porque ela parecia muito com a Mercedes Sosa quando jovem. Ela era uma mulher baixa, de aparência exótica, com longos cabelos negros e intensos olhos escuros. Além disso, como o sistema de engajamento social foi ativado, eu identifiquei imediatamente que sua essência era parecida com a de Mercedes. Evidentemente não poderia deixar de fazer a ela a mesma pergunta que fiz a todos que cruzaram o meu caminho nos últimos quatro anos, mesmo sem nunca ter tido uma resposta positiva. Eu perguntei: "Você conhece a Mercedes Sosa?".

Sua resposta fez meu coração acelerar. "É claro que eu conheço, eu adoro ela!"

Quando eu disse que estava escrevendo um livro sobre a Mercedes, ela ficou animada, falou que queria ler e até mesmo vender o livro em sua loja. Ela disse também que trabalhou a maior parte da vida na indústria literária na Turquia e que se interessava em traduzir o livro para turco. Eu ainda não tinha acabado quando nos conhecemos, mas encontrá-la me incentivou a terminar e publicar o livro.

Esse encontro foi o começo de uma nova e linda amizade. Conectar-me com ela em uma amizade real acelerou a minha recuperação. Ela virou o meu "Milagre Turco", minha "Mini Sosa", meu segundo xodó. Toda vez que a vejo chego à conclusão de que a vida nunca me decepciona.

Serhan, meu "Milagre Turco" e sósia de Sosa

Entrevista

Luis Plaza Ibarra - Amigo íntimo

O que Mercedes Sosa significa para você?

Mercedes Sosa foi parte da minha vida cotidiana e da minha história. Tendo crescido no Chile, em uma ditadura onde a música de "artistas contestadores" era totalmente proibida, Mercedes Sosa se tornou uma pessoa importante, que explicou como as pessoas morrem e desaparecem sob a opressão. Através de suas músicas e letras, ela me fez sentir esperança em meio às coisas terríveis que aconteceram. Como músico, era uma alegria ouvi-la.

Como ela influenciou a sua vida?

Mercedes me inspirou a sempre dar o meu melhor e a ser responsável em todos os sentidos, tanto culturalmente quanto musicalmente. Ela me ensinou que ninguém se torna grande sem estudar e continuar a se aperfeiçoar.

Qual foi a coisa mais importante que você aprendeu com ela?

Mercedes sempre transmitiu uma imagem de cordialidade e compaixão humana. Ela não se comportava como uma diva. Quando se é grande, não é preciso se exibir ou provar nada a ninguém. A verdadeira grandeza é mostrar respeito a todas as pessoas. Mercedes era o epítome da grandeza. Ela também me ensinou a trabalhar por uma América Latina unida, onde todos os irmãos são iguais.

Qual acontecimento dos anos que você passou com ela teve o maior impacto em você?

Foi quando Mercedes, durante a última turnê na Alemanha, em 2008, compartilhou conosco todas as histórias dos bastidores das gravações enquanto viajávamos juntos por dois anos em um micro-ônibus. Ouvir tudo "ao vivo" foi incrível!

Você pode citar um episódio engraçado do tempo que passaram juntos?

São muitos, mas há um que me vem à cabeça agora. Foi depois de um show, tínhamos acabado de entrar no micro-ônibus onde uma de suas músicas mais conhecidas internacionalmente estava tocando na rádio. Mercedes explodiu, dizendo: "Desligue essa música, pelo amor de Deus. Eu a canto há cinquenta anos e não quero mais ouvi-la". Na vez seguinte que o público pediu que ela cantasse essa mesma música, ela o fez de forma muito profissional, mas eu sabia seus verdadeiros sentimentos em relação a ela.

Quais foram os pontos altos dos últimos oito anos da vida dela, no âmbito profissional e pessoal?

Profissionalmente, os destaques foram as turnês na Itália, Espanha e Alemanha, que foram os lugares onde ela se sentiu em casa durante o tempo que passou no exílio. Israel também foi um ponto alto. Todos os seus shows tiveram lotação esgotada e Mercedes sempre dizia: "Eles não me esqueceram, eles ainda me amam". Sentir o carinho do público era sua força de vida.

O trabalho com seu CD de despedida, *Cantora* também foi importante. Ela não viveu tempo suficiente para saber que ganhou um Grammy com ele, mas teve a alegria de saber que foi indicada. Durante nossa turnê pela Alemanha, ela passou bastante tempo repassando o repertório. Ela ainda tinha expectativas altíssimas sobre si mesma e disse: "Eu tenho que fazer isso bem. A gravação permanecerá no mundo para sempre". No âmbito pessoal, o ponto alto foi estar com seus melhores amigos. Mesmo estando fraca, ela sempre encontrava tempo e energia para desfrutar da companhia deles.

Como ela lidou com a doença enquanto estava em turnê?

Seu modo de lidar com a doença foi de certa forma reprimindo-a. Ela tentou manter-se ocupada com o repertório e se entregou plenamente ao trabalho. Ela não falava sobre a doença e não deixou que isso a limitasse. Ela estava cansada, sem apetite, e isso às vezes a afetava psicologicamente. Se ela se apercebesse de pensamentos depressivos, encontrava meios de renovar as energias procurando por novas músicas. Mas ela raramente falava sobre a sua condição.

Como ela reagiu ao perceber que estava morrendo?

É difícil responder pois falei com ela apenas por telefone. Mas ela falou bastante sobre o quanto meus amigos e eu significávamos para ela.

Apêndices

MERCEDES SOSA: *The Voice of Hope* é o primeiro livro alguma vez escrito sobre Mercedes Sosa em inglês. Eu comecei escrevendo na minha língua materna, dinamarquês, mas quando encontrei minha amiga turca (mencionada na introdução), decidi mudar para o inglês, mesmo que tenha sido, claro, muito mais desafiador.

Ao conduzir minha pesquisa, juntei toda a informação que pude sobre Mercedes Sosa em inglês. Entretanto, a maior parte do material disponível para mim estava em espanhol. Não ter acesso às fontes em espanhol pareceu de início um obstáculo, mas logo acabou por ser uma vantagem, já que me forçou a usar todos os meus sentidos. Para criar uma história única e pessoal, decidi ater-me ao meu método perceptivo. Eu ouvia as músicas de Mercedes Sosa e a assistia em DVDs ou na internet, e assim passei a conhecê-la quase da mesma forma que se conhece alguém na vida real. Se queremos conhecer uma pessoa, passamos tempo com ela, ouvimos o que diz, reparamos em suas expressões e observamos seu comportamento. Também tentamos ao máximo entender o que o outro está passando. Foi assim que conheci Mercedes Sosa. Usei uma abordagem conscienciosa em minha pesquisa, o que significa que passei horas em sua companhia — quase todos os dias durante seis anos, prestando atenção em sua voz, expressões, gestos e o modo de se relacionar com os outros, enquanto notava os efeitos físicos e psicológicos que essas observações tiveram em mim. Além disso, eu usei o conhecimento que adquiri sobre Mercedes para imaginar empaticamente como seria estar em seu lugar. Na passagem onde descrevo o que passava em sua cabeça quando o público lhe fez uma ovação em pé de dez minutos, eu me levantei, fechei os olhos, ouvi os aplausos de um concerto e fingi que era Mercedes — até que meu marido me perguntasse o que raios estava fazendo.

Eu usei minha imaginação para reforçar o fluxo da narrativa ou para destacar um ponto nas seguintes passagens:
- A reação de Mercedes à morte de Victor Jara.
- A reação de medo à carta de advertência da *Triple* A.
- Seus pensamentos na viagem de volta do exílio.
- Temendo o que as pessoas pensarão sobre estar acima do peso, ao se olhar no espelho.
- Como vivenciou a ovação de dez minutos em pé no Carnegie Hall.
- A insônia no início da depressão, em 1997.
- As reflexões de Mercedes sobre sua vida ao observar seu rosto na janela, em 2007.
- Esperando Fabián levá-la ao hospital.

Os shows que descrevi contém também elementos de outras apresentações.

Por vezes, diferentes fontes deram declarações divergentes sobre o mesmo tema. É, portanto, incerto se seu problema com a bebida foi logo após o divórcio ou durante o exílio.

Não é claro o que provocou a perda de sua voz durante o exílio. Eu pesquisei o raríssimo fenômeno e descobri que foi provavelmente um aumento do ácido gástrico que causou o problema. Como esta explicação é usada quando ela perde a voz pela segunda vez, durante a depressão, é provável que o mesmo tenha ocorrido durante o exílio. Em termos médicos, o diagnóstico é chamado laringite de refluxo.

Sobre a autora

ANETTE CHRISTENSEN, nascida e criada na Dinamarca, começou sua carreia ajudando a desenvolver programas beneficentes internacionais. Mais tarde, tornou-se professora de línguas para estudantes universitários e depois, com seu marido, administrou uma agência de turismo e uma imobiliária. Atualmente, semiaposentada e morando na Turquia, ela escreve e foca no crescimento pessoal.

Por anos, Anette viajou para muitos lugares do mundo. Suas experiências com várias culturas possibilitaram-na conhecer pessoas com visões de mundo diferentes da dela. Ela anseia aprender com os outros e tem prazer em acolher as diferenças, encontrando a singularidade que acredita estar dentro de cada indivíduo.

A Fundação
Mercedes Sosa

Na Argentina, Fabián Matus, filho de Mercedes Sosa, e os dois netos dela, Agustín e Araceli, têm trabalhado arduamente de corpo e alma para manter vivo o legado de Mercedes Sosa. Fico muito feliz em ter estabelecido uma conexão com essa família maravilhosa e grata por seu apoio e apreço pelo livro. Infelizmente, Fabían Matus faleceu de câncer, com apenas sessenta anos de idade, em 15 de março de 2019. Agustín e Araceli assumiram a direção.

A Fundação Mercedes Sosa é uma instituição cultural sem fins lucrativos que visa preservar e propagar a herança artística de Mercedes Sosa para promover e desenvolver a cultura latino-americana entre as gerações atuais e futuras da Argentina e do resto do mundo através das muitas atividades culturais que oferece. Visite: mercedessosa.org

Notas finais

O BRIGADA PELO tempo que passou conhecendo tanto Mercedes Sosa quanto a mim. Espero que você termine este livro com um profundo senso de esperança e acolhimento neste mundo. Se este livro te tocou ou te inspirou de alguma forma, eu ficaria muito grata se pudesse compartilhar sua experiência de leitura com a sua rede ou deixar uma breve avaliação na Amazon ou no Goodreads. Isso vai ajudar outras pessoas a receberem os mesmos recursos que você.

Também te convido a visitar meu site: mercedes-sosa.com ou minha página no Facebook: facebook.com/anettechristensenauthor para mais inspirações. Em meu **canal do YouTube**, Mercedes Sosa - The Voice of Hope, você encontrará uma seleção de listas de reprodução com vídeos escolhidos a dedo para auxiliar nos temas abordados no livro. Espero que sejam úteis.

Músicas e acontecimentos do livro

Músicas para alegria, força e energia

Músicas para paz, esperança e conforto

Apresentações com outros artistas

Shows completos em ordem cronológica

A beleza da América Latina

História e política da América Latina

Aspectos psicológicos

Meus latino-americanos favoritos

Gravações

Canciones con fundamento (1959)

La voz de la zafra (1961)

Hermano (1966)

Yo no canto por cantar (1966)

Para cantarle a mi gente (1967)

Con sabor a Mercedes Sosa (1968)

Mujeres argentinas (1969)

El grito de la tierra (1970)

Navidad con Mercedes Sosa (1970)

Güemes, el guerrillero del norte (1971)

Homenaje a Violeta Parra (1971)

Cantata Sudamericana (1972)

Hasta la victoria (1972)

Mercedes Sosa y Horacio Guarany (single 1973)

Traigo un pueblo en mi voz (1973)

Mercedes Sosa y Horacio Guarany (single 1974)

A que florezca mi pueblo (1975)

Niño de mañana (1975)

En dirección del viento (1976)

Mercedes Sosa (1976)

Mercedes Sosa interpreta a Atahualpa Yupanqui (1977)

O cio da terra (1977)

Serenata para la tierra de uno (1979)

Gravado ao vivo no Brasil (1980)

A quién doy (1981)

Mercedes Sosa en Argentina (1982)

Como un pájaro libre (1983)

Mercedes Sosa (1983)

Recital (1983)

¿Será posible el sur? (1984)

Corazón americano (1985) (con Milton Nascimento y León Gieco)

Vengo a ofrecer mi corazón (1985)

Mercedes Sosa '86 (1986)

Mercedes Sosa '87 (1987)

Gracias a la vida (1987)

Amigos míos (1988)

Live in Europa (1990)

De mí (1991)

30 años (1993)

Sino (1993)

Gestos de amor (1994)

Oro (1995)

Escondido en mi país (1996)

Alta fidelidad (1997) (con Charly García)

Al despertar (1998)

Misa Criolla (2000)

Acústico (2002)

Argentina quiere cantar (2003) (con Víctor Heredia y León Gieco)

Corazón libre (2005)

Cantora (2009)

Deja la vida volar (2010)

Censurada (2011)

Siempre en ti (2013)

Selva sola (2013)

Ángel (2014)

Lucerito (2015)

Fontes

1. Mercedes Sosa has Died, 4 de outubro de 2009, Rachel Hall, *The Argentina Independent*.
2. Irgenwann singe ich John Lennon's Imagine, 25 de outubro de 2003, Hinnerk Berlekamp, berliner-zeitung.de.
3. *Cantora, un viaje intimo*, DVD.
4. *Mercedes Sosa, La voz de Latinoamérica*, DVD.
5. Tribute to Mercedes Sosa, outubro de 2009, Renata Dikeopoulou,ghostradio.gr.
6. Tomamos la vida muy a la ligera, 1999, Víctor M. Amela, Solidaridad.net.
7. Mi canto latinoamericano, Claus Schreiner, 1988, Darmstadt.
8. *Mercedes Sosa La Negra*, Rodolfo Braceli, 2010, Penguin Random House.
9. *La Nueva Canción*, Smithsonian Folkways, The New Song Movement in South America.
10. Argentine Singing Legend Mercedes Sosa dies at 74, 5 de outubro de 2009, Adam Bernstein, *Los Angeles Times*.
11. Mercedes Sosa, A Voice of Hope, 9 de outubro de 1988, Larry Rohter, *The New York Times*.
12. Argentina's Mercedes Sosa Emerges as a Survivor, 22 de outubro de 1988, Victor Valle, *Los Angeles Times*.
13. Mercedessosa.org.
14. The life and death of Víctor Jara, 18 de setembro de 2013, Andrew Tyler, *The Guardian*.
15. Argentine Singer Sosa's Power Outlasted Political Tyranny, 14 de janeiro de 2011, Mike Quinn, Sounds Good.
16. Argentina Releases Nazi Files, 4 de fevereiro de 1992, articles.sun-sentinel.com.
17. *Searching for Life*, Rita Ardetti, 1999, University of California Press.

18. Secret Military Dictatorship's Documents Found in Basement, 5 de novembro de 2013, Tess Bennett, *The Argentina Independent.*

19. Mercedes Sosa Comes Back from the Pit, 26 de maio de 1999, Utusan Online.

20. La Negra is back - with God at her side, 6 de junho de 2007, Pablo Calvi, *Daily News.*

21. Folk Legend Mercedes Sosa Dies, 9 de outubro de 2009, *The Telegraph.*

22. Sosa's Land Always Near in her Songs, 4 de setembro de 2003, Sandra Hernandez, *Sunsentinel.*

23. *Como un Pájaro Libre,* by Ricardo Willicher, DVD.

24. *Singing Truth to Power: Mercedes Sosa, 1935–2009,* T.M. Scruggs, Nacla.

25. *Mercedes Sosa, Será possible el sur?* de Stefan Paul.

26. Grandmothers of Plaza de Mayo Find Child 126, 6 de dezembro de 2017, *The Bubble, Argentina News*

27. Argentina's Diva of the Dispossessed, 13 de março de 2012, Tom Schnabel, blogs.kcrw.com.

28. Mercedes Sosa, song with no Boundaries, The Free Library.com.

29. Migrant Voice of Argentina, 3 de novembro de 1989, Geoffrey Himes, *Washington Post.*

30. *Earthcharter.org/discover.*

31. *Three Worlds, Three Voices, One Vision,* DVD.

32. Bruce Springsteen Helped Breach Berlin Wall, Rolling Stone Magazine, 27 de junho de 2013, by Jon Blistein.

33. Live concert, in Boston, 1989, YouTube.

34. Show de Xuxa, Xuxa recipe Mercedes Sosa 1993, YouTube.

35. Mercedes Sosa: Cantora an Upright Last Offering, Tobias, To-kafi.com.

36. Qué puedo hacer si no es cantar?, 20 de maio de 2006, Karina Micheletto, pagina12.com.ar.

37. Mercedes Sosa, The Voice of the Voiceless Ones, 12 de dezembro de 2011, Christel Veraart, Soundscapes, Blogspot.com.

38. Argentina's Diva of the Dispossessed, 13 de março de 2012, Tom Schnabel, blogs.kcrw.com.

39. Mercedes Sosa, Singer or Saint of the People, 9 de fevereiro de 2014, Sandra Bertrand, galomagazine.com.

40. Live concert, Jujuy - Argentina en vivo 1 and 2, março de 2001, YouTube.

41. Mercedes Sosa, A Lifelong Source of Inspiration, 9 de outubro de 2009, Ian Malinow, *The Examiner*.

42. Argentine singer Mercedes Sosa Dies at 74, 9 de outubro de 2009, Helen Popper, Reuters.

43. Mercedes Sosa se emocionó con una serenata sorpresa, 21 de fevereiro de 2007, Clarin.com.

44. Serenata a la querida "Negra Sosa", ofrecida por el programa "Mp3, Música para el Tercer Milenio," conducido por el "Bahiano," parte 1 and 2.

45. Famed Argentine Folk Singer Mercedes Sosa Hospitalized, breathing with a respirator, 1 de outubro de 2009, entertainment.gaeatimes.com.

46. Argentine Singer, Mercedes Sosa, in Grave Condition, 3 de outubro de 2009, Latin American Herald Tribune, laht.com.

47. Mercedes Sosa, Who Sang of Argentina's turmoil Dies, 5 de outubro dc 2009, Larry Rohter, The New York Times.

48. Mercedes Sosa Captivates with substance and Style, 13 de novembro de 2005, David Cazares, Sun Sentinel

49. Cortisol in Control? Oxytocin to the Rescue for a More Loving, Healthier Life, Drannacabeca.com.

50. The Neurobiology of We, Patty de Llosa, 2011.

51. Using The Social Engagement System, 13 de novembro de 2012, Tom Bunn, *Psychology Today*.

52. This is your Brain on Music, 15 de abril de 2013, Elizabeth Landau, CNN.

53. Mercedes Sosa Captivates with substance and Style, 13 de novembro de 2005, David Cazares, *Sun Sentinel*

Bibliografia

Livros
The Penguin History of Latin America, Edwin Williamson, 1992, Penguin Group
Searching for Life, Rita Ardetti, 1999, University of California Press
Mi canto latinoamericano, Claus Schreiner, 1988, Darmstadt
Mercedes Sosa La Negra, Rodolfo Braceli, 2010, Penguin Random House
From Distress to De-stress, Pauline Skeates and Sandy Fabrin, 2010, Insight services Ltd
Wherever You Go There You Are, Jon Kabat-Zinn, 2004, Hyperion
The Compassionate Mind, Paul Gilbert, 2010, Constable & Robinson Ltd

DVDs
Mercedes Sosa, Será possible el sur? by Stefan Paul
Como un Pájaro Libre by Ricardo Willicher
Three Worlds, Three Voices, One Vision
Mercedes Sosa, Acústico en Suiza
Cantora, un viaje intimo
Mercedes Sosa, La voz de Latinoamérica

Websites
Mercedes Sosa: Cantora an Upright Last Offering, Tobias, Tokafi.com
Folk Legend Mercedes Sosa Dies, 9 de outubro de 2009, The Telegraph
Mercedes Sosa, Who Sang of Argentina's turmoil, Dies, 5 de outubro de 2009, Larry Rohter, The New York Times
Mercedes Sosa, A Voice of Hope, 9 de outubro de 1988, Larry Rother, The New York Times
Argentine Singing Legend Mercedes Sosa dies at 74, 5 de outubro de 2009, Adam Bernstein, Washington Post
Argentina's Mercedes Sosa Emerges as a Survivor, 22 de outubro de 1988, Victor Valle, Los Angeles Times
Argentina's Rebel-Rousing Diva, 16 de maio de 2001, Robin Denselow, The Guardian

Mercedes Sosa obituary, 5 de outubro, Garth Cartwright, *The Guardian*

Argentine singer Mercedes Sosa Dies at 74, 9 de outubro de 2009, Helen Popper, Reuters

Mercedes Sosa has Died, 4 de outubro de 2009, Rachel Hall, *The Argentina Independent*

Cumplo mi promesa, Martin Peres, Pagina 12.com

Secret Military Dictatorship's Documents Found in Basement, 5 de novembro de 2013, Tess Bennett, *The Argentina Independent*

La Nueva Canción, Smithsonian Folkways, The New Song Movement in South America

Irgenwann singe ich John Lennon's Imagine, 25 de outubro de 2003, Hinnerk Berlekamp, berliner-zeitung.de

Tribute to Mercedes Sosa, outubro de 2009, Renata Dikeopoulou, ghostradio.gr

Famed Argentine Folk Singer Mercedes Sosa Hospitalized, breathing with a respirator, 1 de outubro de 2009, entertainment.gaeatimes.com

Argentine Singer, Mercedes Sosa, in Grave Condition, 3 de outubro de 2009, Latin American Herald Tribune, laht.com

Mercedes Sosa Remains Grave with "Deterioration of Organ Functions," *Latin American Herald Tribune*, laht.com

Sosa's Land Always Near in her Songs, 4 de setembro de 2003, Sandra Hernandez, Sun Sentinel

Argentina's Diva of the Dispossessed, 13 de março de 2012, Tom Schnabel, blogs.kcrw.com

Mercedes Sosa, Singer or Saint of the People, 9 de fevereiro de 2014, Sandra Bertrand, galomagazine.com

Cantora, Mercedes Sosa, Fernando Gonzalez, irom.wordpress.com

Qué puedo hacer si no es cantar?, 12, 20 de maio de 2006, Karina Micheletto, pagina12.com.ar

The neurobiology of We, Patty de Llosa, 2011

Mercedes Sosa, a compelling figure in world music and a social activist, 29 de outubro de 1995, Don Heckman, Los Angeles Times

Political Controversy Won't Keep Sosa Out of Miami, 3 de novembro de 1989, John Lennart, Sun Sentinel

Argentina Releases Nazi Files, 4 de fevereiro de 1992, articles.sun-sentinel.com

Migrant Voice of Argentina, 3 de novembro de 1989, Geoffrey Himes, Washington Post

Mission Justice - Argentina, Human Rights Violations in Argentina, 9 de agosto de 2010, Drew Gillespie, missionjusticeargentina.blogspot.com.tr

This is your brain on music, 15 de abril de 2013, Elizabeth Landau, CNN

The Science of Love, Barbara Fredrickson, Aeon Magazine

Blending politics and music, 21 de abril de 2009, Bridget Broderick, Socialistworker.org

Mercedes Sosa, The Voice of the Voiceless Ones, 12 de dezembro de 2011, Christel Veraart, Soundscapes, Blogspot.com

Argentina Plaza de Mayo Grandmothers find child 119, 1 de dezembro de 2015, BBC News

Film: Será Posible el Sur?, On an Argentine Singer, 11 de setembro de 1987, Jon Pareles, The New York Times

Earthcharter.org/discover

The life and death of Víctor Jara, 18 de setembro de 2013, Andrew Tyler, The Guardian

Argentine Singer Sosa's Power Outlasted Political Tyranny, 14 de janeiro de 2011, Mike Quinn, Sounds Good

Singing Truth to Power: Mercedes Sosa, 1935–2009, T.M. Scruggs, Nacla

Bruce Springsteen Helped Breach Berlin Wall, 27 de junho de 2013, Jon Blitstein

Mercedes Sosa, Songs with no Boundaries, junho de 1996, Caleb Bach, Questia.com

Mercedes Sosa Captivates with substance and Style, 13 de novembro de 2005, David Cazares, Sun Sentinel

Tomamos la vida muy a la ligera, 1999, Victor M. Amela, Solidaridad.net

Mercedes Sosa se emocionó con una serenata sorpresa, 21 de fevereiro de 2007, Clarin.com

La Negra is back - with God at her side, 6 de junho de 2007, Pablo Calvi, Daily News

Mercedes Sosa Comes Back From the Pit, 26 de maio de 1999, Utusan Online

Argentina's Mercedes Sosa - She died in Peace, a Free Woman, Georgianne Nienaber, Huffington Post

Using The Social Engagement System, 13 de novembro de 2012, Tom Bunn, Psychology Today

How Stress Affects your Brain, Madhumita Murgia, TED.com

Mercedes Sosa, A Lifelong Source of Inspiration, 9 de outubro de 2009, Ian Malinow, The Examiner

Cortisol in Control? Oxytocin to the Rescue for a More Loving, Healthier Life, Drannacabeca.com

The Science and Art of Presence: How Being Open and Receptive to Life Cultivates Well-Being, Daniel Siegel, Mindsightinstitute.com

Santiago Maldonado, Missing backpacker takes center stage in Argentina's elections, 6 de outubro de 2017, Uki Goñi, The Guardian

Argentina. A 23 años del asesinato del periodista Mario Bonino, el crimen continúa impune, Resumen, 12 de novembro de 2016

Entrevistas

Christel Verarrt, cantor e compositor, Alasca

Fernando Pellegrini, jornalista, Argentina

Luis Plaza Ibarra, músico, Gothenburg, Suécia

Ignacio Zamalloa Markovic, ator, La Plata, Buenos Aires

Créditos fotográficos

1	© Daniela Pfeil
2	© Fabian Matus
3	© Insight International
4-5	© Coqui Sosa
6	© Reuters/Enrique Marcarian
7-9	© Reuters/Marcos Brindicci
10	© Reuters/Enrique Marcarian
11	© Reuters/Martin Acosta
12	© Annemarie Heinrich
13	© Reuters/Stringer
14	© Reuters/La Gaceta
15	© Reuters/STR New
16-17	© Reuters Stringer
18	© Ron Kroon/Anefo
19	© Reuters/Stringer
10	© Reuters/La Gaceta
21-22	© Sergio 252
23	© Reuters Foto
24	© Reuters/DyN
25-26	© Reuters/Enrique Marcarian
27	© Reuters Foto
28	© Reuters/Enrique Marcarian
29	© Reuters/Marcos Brindicci
30	© Reuters/Enrique Marcarian
31	© Reuters/Ho New